MIS RECETAS ITALIANAS 2022

RECETAS REGIONALES Y TRADICIONALES

JAIME SANTOS

BIENVENIDOS EN ITALIA!!!

TABLA DE CONTENIDO

Pierna de Cordero Asada con Patatas, Ajo y Romero 9

Pierna de Cordero con Limón, Hierbas y Ajo 11

Calabacín relleno de cordero estofado 13

Conejo con Vino Blanco y Hierbas 15

Conejo con Aceitunas 18

Conejo, Estilo Porchetta 20

Conejo con Tomates 23

Conejo estofado agridulce 25

Conejo Asado con Patatas 28

Alcachofas marinadas 31

Alcachofas a la Romana 33

Alcachofas Braseadas 35

Alcachofas, Estilo Judío 37

Guiso Romano de Verduras de Primavera 40

Corazones de alcachofa crujientes 42

Alcachofas rellenas 44

Alcachofas Rellenas Estilo Siciliano 47

Espárragos "en la sartén" 50

Espárragos con Aceite y Vinagre 52

Espárragos con Mantequilla de Limón 54

Espárragos con varias salsas 56

Espárragos con aderezo de alcaparras y huevos 58

Espárragos con Parmesano y Mantequilla 60

Paquetes de espárragos y prosciutto 62

Espárragos asados 64

Espárragos en Zabaglione 66

Espárragos con Taleggio y Piñones 69

Timbales de espárragos 72

Frijoles Estilo Country 75

Frijoles toscanos 77

Ensalada De Frijoles 80

Frijoles y Repollo 82

Frijoles en Salsa de Tomate y Salvia 84

Guiso de garbanzos 86

Habas con Verduras Amargas 88

Habas frescas, estilo romano 91

Habas frescas, estilo de Umbría 93

Brócoli con Aceite y Limón 95

Brócoli, Estilo Parma 97

Rabe de brócoli con ajo y pimiento picante 99

Brócoli con Prosciutto 101

Bocaditos de Pan con Brócoli Rabe 103

Rabe de brócoli con panceta y tomates 105

Tortas De Verduras Pequeñas 107

Coliflor frita 109

Puré de coliflor 112

Coliflor Asado 114

Coliflor ahogada 116

Coliflor con Perejil y Cebolla 118

Anillos de mantequilla 120

Nudos de limón 123

Galletas de especias 126

Galletas de oblea 128

Ravioles dulces 132

Galletas "feas pero buenas" 135

Lugares de mermelada 137

Biscotti de nueces y chocolate doble 140

Besos de chocolate 143

"Salame" de chocolate sin hornear 146

Galletas Prato 148

Biscotti de frutas y frutos secos de Umbría 151

Biscotti de nueces y limón 154

Biscotti de nueces 157

Macarrones de Almendra 160

- Macarrones de piñones 163
- Barritas de avellana 165
- Galletas De Mantequilla De Nuez 167
- Galletas Arcoiris 169
- Galletas De Higo De Navidad 174
- Almendra quebradiza 179
- Rollos de nueces sicilianas 181
- Bizcocho 185
- Bizcocho de cítricos 188
- Pastel de limón y aceite de oliva 191
- Pastel marmoleado 194
- pastel de ron 197
- Pastel de la abuela 201
- Pastel de albaricoque y almendras 205
- Tarta de frutas de verano 209
- Pastel de frutas de otoño 212
- Pastel de Polenta y Pera 215

Pierna de Cordero Asada con Patatas, Ajo y Romero

Agnello al Forno

Rinde 6 porciones

Los italianos servirían este cordero bien hecho, pero creo que sabe mejor cuando está medio crudo, que es aproximadamente 130 ° F en un termómetro de lectura instantánea. Deje reposar el cordero después de asarlo para que los jugos tengan la oportunidad de retirarse al centro de la carne.

6 papas para todo uso, peladas y cortadas en trozos de 1 pulgada

3 cucharadas de aceite de oliva

Sal y pimienta negra recién molida

1 pierna de cordero con hueso, recortada (aproximadamente 5 1/2 libras)

6 dientes de ajo finamente picados

2 cucharadas de romero fresco picado

1. Coloque una rejilla en el medio del horno. Precaliente el horno a 350 ° F. Coloque las papas en una fuente para asar lo

suficientemente grande como para contener la carne y las papas sin amontonarse. Mezcle con el aceite, sal y pimienta al gusto.

2. Haga cortes poco profundos en todo el cordero con un cuchillo pequeño. Introduzca un poco de ajo y romero en las ranuras, reservando un poco para las patatas. Espolvorea generosamente la carne con sal y pimienta. Apartar las patatas y añadir la carne con la grasa hacia arriba.

3. Coloque la sartén en el horno y cocine 30 minutos. Dar la vuelta a las patatas. Ase de 30 a 45 minutos más o hasta que la temperatura interna mida 130 ° F en un termómetro de lectura instantánea colocado en la parte más gruesa de la carne, lejos del hueso. Retire la sartén del horno y transfiera el cordero a una tabla de cortar. Cubre la carne con papel de aluminio. Deje reposar al menos 15 minutos antes de cortar.

4. Pruebe las papas para ver si están cocidas pinchándolas con un cuchillo afilado. Si necesitan más cocción, encienda el horno a 400 ° F., Regrese la sartén al horno y cocine hasta que estén tiernas.

5. Cortar el cordero en rodajas y servir caliente con las patatas.

Pierna de Cordero con Limón, Hierbas y Ajo

Agnello Steccato

Rinde 6 porciones

Albahaca, menta, ajo y limón perfuman este asado de cordero. Una vez en el horno, no hay mucho más que hacer. Es el plato perfecto para una pequeña cena o una cena de domingo. Agregue algunas papas, zanahorias, nabos u otras verduras de raíz a la fuente para asar, si lo desea.

1 pierna de cordero, bien cortada (alrededor de 3 libras)

2 dientes de ajo

2 cucharadas de albahaca fresca picada

1 cucharada de menta fresca picada

1/4 taza de Pecorino Romano o Parmigiano-Reggiano recién rallado

1 cucharadita de ralladura de limón

1 1/2 cucharadita de orégano seco

Sal y pimienta negra recién molida

2 cucharadas de aceite de oliva

1. Coloque una rejilla en el centro del horno. Precalienta el horno a 425 ° F.

2. Picar muy finamente el ajo, la albahaca y la menta. En un tazón pequeño, revuelva la mezcla junto con el queso, la ralladura de limón y el orégano. Agregue 1 cucharadita de sal y pimienta recién molida al gusto. Con un cuchillo pequeño, haga cortes de aproximadamente 3/4 de pulgada de profundidad en toda la carne. Introduzca un poco de la mezcla de hierbas en cada ranura. Frote el aceite por toda la carne. Ase durante 15 minutos.

3. Baje el fuego a 350 ° F. Ase 1 hora más o hasta que la carne esté medio cruda y la temperatura interna alcance los 130 ° F en un termómetro de lectura instantánea colocado en la parte más gruesa pero sin tocar el hueso.

4. Retire el cordero del horno y transfiéralo a una tabla de cortar. Cubrir el cordero con papel de aluminio y dejar reposar 15 minutos antes de cortarlo. Servir caliente.

Calabacín relleno de cordero estofado

Calabacín Ripiene

Rinde 6 porciones

Una pierna de cordero alimenta a una multitud, pero después de una pequeña cena, a menudo tengo sobras. Ahí es cuando preparo estos sabrosos calabacines rellenos. Se pueden sustituir otros tipos de carne cocida o incluso aves.

2 a 3 rebanadas (de 1/2 pulgada de grosor) de pan italiano

1 1/4 taza de leche

1 libra de cordero cocido

2 huevos grandes

2 cucharadas de perejil fresco picado

2 dientes de ajo finamente picados

1/2 taza de Pecorino Romano o Parmigiano-Reggiano recién rallado

Sal y pimienta negra recién molida

6 calabacines medianos, lavados y recortados

2 tazas de salsa de tomate, como Salsa marinara

1. Coloque una rejilla en el centro del horno. Precalienta el horno a 425 ° F. Engrase un molde para hornear de 13 × 9 × 2 pulgadas.

2. Retirar la costra del pan y partir el pan en trozos. (Debería tener aproximadamente 1 taza). Coloque los trozos en un tazón mediano, vierta la leche y déjelo en remojo.

3. En un robot de cocina, picar la carne muy fina. Transfiera a un tazón grande. Agrega los huevos, el perejil, el ajo, el pan remojado, 1/4 de taza de queso y sal y pimienta al gusto. Mezclar bien.

4. Corta el calabacín por la mitad a lo largo. Saca las semillas. Rellena los calabacines con la mezcla de carne. Coloque los calabacines uno al lado del otro en la sartén. Vierta la salsa y espolvoree con el queso restante.

5. Hornea de 35 a 40 minutos o hasta que el relleno esté bien cocido y los calabacines tiernos. Servir caliente oa temperatura ambiente.

Conejo con Vino Blanco y Hierbas

Coniglio al Vino Bianco

Rinde 4 porciones

Esta es una receta básica de conejo de Liguria que se puede variar agregando aceitunas negras o verdes u otras hierbas. Los cocineros de esta región preparan el conejo de muchas formas diferentes, incluso con piñones, champiñones o alcachofas.

1 conejo (2 1/2 a 3 libras), cortado en 8 pedazos

Sal y pimienta negra recién molida

3 cucharadas de aceite de oliva

1 cebolla pequeña finamente picada

1 1/2 taza de zanahoria finamente picada

1 1/2 taza de apio finamente picado

1 cucharada de hojas de romero frescas picadas

1 cucharadita de tomillo fresco picado

1 hoja de laurel

1 1/2 taza de vino blanco seco

1 taza de caldo de pollo

1. Enjuague los trozos de conejo y séquelos con toallas de papel. Espolvorear con sal y pimienta.

2. En una sartén grande, calienta el aceite a fuego medio. Agrega el conejo y dora ligeramente por todos lados, unos 15 minutos.

3. Esparza la cebolla, la zanahoria, el apio y las hierbas alrededor de los trozos de conejo y cocine hasta que la cebolla se ablande, aproximadamente 5 minutos.

4. Agregue el vino y déjelo a fuego lento. Cocine hasta que la mayor parte del líquido se evapore, aproximadamente 2 minutos. Agregue el caldo y déjelo a fuego lento. Reduce el calor al mínimo. Tape la sartén y cocine, dando vuelta al conejo de vez en cuando con unas pinzas, hasta que esté tierno al pincharlo con un tenedor, unos 30 minutos.

5. Transfiera el conejo a una fuente para servir. Cubra y mantenga caliente. Aumente el fuego y hierva el contenido de la sartén hasta que esté reducido y espeso, aproximadamente 2 minutos. Desecha la hoja de laurel.

6. Vierta el contenido de la sartén sobre el conejo y sirva inmediatamente.

Conejo con Aceitunas

Coniglio alla Stimperata

Rinde 4 porciones

Pimiento rojo, aceitunas verdes y alcaparras dan sabor a este plato de conejo al estilo siciliano. El término alla stimperata se aplica a varias recetas sicilianas, aunque su significado no está claro. Puede provenir de stemperare, que significa "disolver, diluir o mezclar" y se refiere a la adición de agua a la olla mientras el conejo se cocina.

1 conejo (2 1/2 a 3 libras), cortado en 8 pedazos

1 1/4 taza de aceite de oliva

3 dientes de ajo picados

1 taza de aceitunas verdes sin hueso, enjuagadas y escurridas

2 pimientos morrones rojos, cortados en tiras finas

1 cucharada de alcaparras, enjuagadas

Pizca de orégano

Sal y pimienta negra recién molida

2 cucharadas de vinagre de vino blanco

1 1/2 taza de agua

1. Enjuague los trozos de conejo y séquelos con toallas de papel.

2. En una sartén grande, calienta el aceite a fuego medio. Agrega el conejo y dora bien los trozos por todos lados, unos 15 minutos. Transfiera los trozos de conejo a un plato.

3. Agrega el ajo a la sartén y cocina 1 minuto. Agrega las aceitunas, el pimiento, las alcaparras y el orégano. Cocine, revolviendo 2 minutos.

4. Regrese el conejo a la sartén. Sazone con sal y pimienta al gusto. Agregue el vinagre y el agua y cocine a fuego lento. Reduce el calor al mínimo. Tape y cocine, dando vuelta al conejo de vez en cuando, hasta que esté tierno al pincharlo con un tenedor, unos 30 minutos. Agregue un poco de agua si el líquido se evapora. Transfiera a una fuente para servir y sirva caliente.

Conejo, Estilo Porchetta

Coniglio en Porchetta

Rinde 4 porciones

La combinación de condimentos que se utilizan para hacer el cerdo asado es tan deliciosa que los cocineros la han adaptado a otras carnes que son más cómodas de cocinar. El hinojo silvestre se usa en la región de Marches, pero se puede sustituir por semillas de hinojo seco.

1 conejo (21/2 a 3 libras), cortado en 8 pedazos

Sal y pimienta negra recién molida

2 cucharadas de aceite de oliva

2 onzas de panceta

3 dientes de ajo finamente picados

2 cucharadas de romero fresco picado

1 cucharada de semillas de hinojo

2 o 3 hojas de salvia

1 hoja de laurel

1 taza de vino blanco seco

1 1/2 taza de agua

1. Enjuague los trozos de conejo y séquelos con toallas de papel. Espolvorear con sal y pimienta.

2. En una sartén lo suficientemente grande para contener los trozos de conejo en una sola capa, caliente el aceite a fuego medio. Coloca las piezas en la sartén. Esparce la panceta por todos lados. Cocine hasta que el conejo se dore por un lado, unos 8 minutos.

3. Dar la vuelta al conejo y esparcir el ajo, el romero, el hinojo, la salvia y la hoja de laurel por todos lados. Cuando el conejo esté dorado por el segundo lado, después de unos 7 minutos, agregue el vino y revuelva, raspando el fondo de la sartén. Cocine a fuego lento el vino durante 1 minuto.

4. Cocine sin tapar, volteando la carne de vez en cuando, hasta que el conejo esté muy tierno y se despegue del hueso, unos 30 minutos. (Agregue un poco de agua si la sartén se seca demasiado).

5. Desecha la hoja de laurel. Transfiera el conejo a una fuente para servir y sírvalo caliente con los jugos de la sartén.

Conejo con Tomates

Coniglio alla Ciociara

Rinde 4 porciones

En la región de Ciociara, en las afueras de Roma, conocida por su deliciosa cocina, el conejo se cuece en salsa de tomate y vino blanco.

1 conejo (21/2 a 3 libras), cortado en 8 pedazos

2 cucharadas de aceite de oliva

2 onzas de panceta, rebanada gruesa y picada

2 cucharadas de perejil fresco picado

1 diente de ajo, ligeramente aplastado

Sal y pimienta negra recién molida

1 taza de vino blanco seco

2 tazas de tomates pera pelados, sin semillas y picados

1. Enjuague los trozos de conejo, luego séquelos con toallas de papel. Calienta el aceite en una sartén grande a fuego medio. Coloque el conejo en la sartén, luego agregue la panceta, el perejil y el ajo. Cocine hasta que el conejo esté bien dorado por todos lados, unos 15 minutos. Espolvorear con sal y pimienta.

2. Retire el ajo de la sartén y deséchelo. Agregue el vino y cocine a fuego lento durante 1 minuto.

3. Reduce el calor al mínimo. Agregue los tomates, luego cocine hasta que el conejo esté tierno y se despegue del hueso, aproximadamente 30 minutos.

4. Transfiera el conejo a una fuente para servir y sírvalo caliente con la salsa.

Conejo estofado agridulce

Coniglio en Agrodolce

Rinde 4 porciones

Los sicilianos son conocidos por su gusto por lo dulce, un legado de la dominación árabe de la isla que duró al menos doscientos años. Las pasas, el azúcar y el vinagre le dan a este conejo un sabor ligeramente agridulce.

1 conejo (2 1/2 a 3 libras), cortado en 8 pedazos

2 cucharadas de aceite de oliva

2 onzas de panceta en rodajas gruesas, picada

1 cebolla mediana, finamente picada

Sal y pimienta negra recién molida

1 taza de vino blanco seco

2 clavos de olor enteros

1 hoja de laurel

1 taza de caldo de res o pollo

1 cucharada de azucar

1 1/4 taza de vinagre de vino blanco

2 cucharadas de pasas

2 cucharadas de piñones

2 cucharadas de perejil fresco picado

1. Enjuague los trozos de conejo, luego séquelos con toallas de papel. En una sartén grande, caliente el aceite y la panceta a fuego medio durante 5 minutos. Agregue el conejo y cocine por un lado hasta que se dore, aproximadamente 8 minutos. Dar la vuelta a los trozos de conejo con unas pinzas y esparcir la cebolla por todos lados. Espolvorear con sal y pimienta.

2. Agrega el vino, el clavo y la hoja de laurel. Lleve el líquido a fuego lento y cocine hasta que la mayor parte del vino se haya evaporado, aproximadamente 2 minutos. Agrega el caldo y tapa la sartén. Reduzca el fuego a bajo y cocine hasta que el conejo esté tierno, de 30 a 45 minutos.

3. Transfiera los trozos de conejo a un plato. (Si queda mucho líquido, hiérvalo a fuego alto hasta que se reduzca). Agregue el azúcar, el vinagre, las pasas y los piñones. Revuelva hasta que el azúcar se disuelva, aproximadamente 1 minuto.

4. Regrese el conejo a la sartén y cocine, volteando los trozos en la salsa, hasta que parezcan bien cubiertos, unos 5 minutos. Agregue el perejil y sirva caliente con los jugos de la sartén.

Conejo Asado con Patatas

Coniglio Arrosto

Rinde 4 porciones

En la casa de mi amiga Dora Marzovilla, una cena dominical o una comida para ocasiones especiales a menudo comienza con una variedad de verduras tiernas y crujientes fritas, como corazones de alcachofa o espárragos, seguidas de cuencos humeantes de orecchiette o cavatelli caseros mezclados con un delicioso ragú hecho con pequeños albóndigas. Dora, que viene de Rutigliano en Puglia, es una cocinera maravillosa, y este plato de conejo, que sirve como plato principal, es una de sus especialidades.

1 conejo (2 1/2 a 3 libras), cortado en 8 pedazos

1 1/4 taza de aceite de oliva

1 cebolla mediana, finamente picada

2 cucharadas de perejil fresco picado

1/2 taza seca con vino

Sal y pimienta negra recién molida

4 papas medianas para todo uso, peladas y cortadas en gajos de 1 pulgada

1 1/2 taza de agua

1 1/2 cucharadita de orégano

1. Enjuague los trozos de conejo y séquelos con toallas de papel. En una sartén grande, caliente dos cucharadas de aceite a fuego medio. Agrega el conejo, la cebolla y el perejil. Cocine, volteando las piezas de vez en cuando, hasta que estén ligeramente doradas, unos 15 minutos. Agrega el vino y cocina 5 minutos más. Espolvorear con sal y pimienta.

2. Coloque una rejilla en el centro del horno. Precalienta el horno a 425 ° F. Engrase una fuente para asar lo suficientemente grande como para contener todos los ingredientes en una sola capa.

3. Esparce las papas en la sartén y mézclalas con las 2 cucharadas de aceite restantes. Agregue el contenido de la sartén a la sartén, metiendo los trozos de conejo alrededor de las papas. Agrega el agua. Espolvorea con el orégano y sal y

pimienta. Cubre la sartén con papel de aluminio. Ase 30 minutos. Destapar y cocinar 20 minutos más o hasta que las papas estén tiernas.

4. Transfiera a una fuente para servir. Servir caliente.

Alcachofas marinadas

Carciofi Marinati

Rinde de 6 a 8 porciones

Estas alcachofas son excelentes en ensaladas, con embutidos o como parte de un surtido de antipasto. Las alcachofas durarán al menos dos semanas en el frigorífico.

Si no dispone de alcachofas baby, sustitúyalas por alcachofas medianas, cortadas en ocho gajos.

1 taza de vinagre de vino blanco

2 tazas de agua

1 hoja de laurel

1 diente de ajo entero

8 a 12 alcachofas tiernas, cortadas y en cuartos (ver Para preparar alcachofas enteras)

Pizca de pimiento rojo triturado

Sal

Aceite de oliva virgen extra

1. En una cacerola grande, combine el vinagre, el agua, la hoja de laurel y el ajo. Lleva el líquido a fuego lento.

2. Agrega las alcachofas, el pimiento rojo triturado y la sal al gusto. Cocine hasta que esté tierno cuando lo pinche con un cuchillo, de 7 a 10 minutos. Retirar del fuego. Vierta el contenido de la sartén a través de un colador de malla fina en un tazón. Reserva el líquido.

3. Empaca las alcachofas en frascos de vidrio esterilizados. Vierta el líquido de cocción para cubrir. Deje enfriar completamente. Cubra y refrigere por lo menos 24 horas o hasta 2 semanas.

4. Para servir, escurre las alcachofas y mézclalas con aceite.

Alcachofas a la Romana

Carciofi alla Romana

Rinde 8 porciones

Las pequeñas granjas de toda Roma producen un montón de alcachofas frescas durante las temporadas de alcachofas de primavera y otoño. Los pequeños camiones los llevan a los mercados de las esquinas, donde se venden directamente en la parte trasera del camión. Las alcachofas tienen tallos largos y hojas todavía adheridas, porque los tallos, una vez pelados, son buenos para comer. Los romanos cocinan las alcachofas con el tallo hacia arriba. Se ven muy atractivos cuando se colocan en una fuente para servir.

2 dientes de ajo grandes, finamente picados

2 cucharadas de perejil fresco picado

1 cucharada de menta fresca picada o 1/2 cucharadita de mejorana seca

Sal y pimienta negra recién molida

1 1/4 taza de aceite de oliva

8 alcachofas medianas, preparadas para rellenar (ver Para preparar alcachofas enteras)

1 1/2 taza de vino blanco seco

1. En un tazón pequeño, mezcle el ajo, el perejil y la menta o mejorana. Añadir sal y pimienta al gusto. Agrega 1 cucharada de aceite.

2. Extienda suavemente las hojas de las alcachofas y empuje un poco de la mezcla de ajo hacia el centro. Exprimiendo ligeramente las alcachofas para mantener el relleno, colóquelas con el tallo hacia arriba en una sartén lo suficientemente grande como para mantenerlas en posición vertical. Vierta el vino alrededor de las alcachofas. Agregue agua hasta una profundidad de 3/4 de pulgada. Rocíe las alcachofas con el aceite restante.

3. Cubra la sartén y lleve el líquido a fuego lento a fuego medio. Cocine durante 45 minutos o hasta que las alcachofas estén tiernas al pincharlas con un cuchillo. Servir caliente oa temperatura ambiente.

Alcachofas Braseadas

Carciofi Stufati

Rinde 8 porciones

Las alcachofas son miembros de la familia del cardo y crecen en plantas bajas y tupidas. Se encuentran silvestres en muchos lugares del sur de Italia y muchas personas los cultivan en sus huertos familiares. Una alcachofa es en realidad una flor sin abrir. Las alcachofas muy grandes crecen en la parte superior del arbusto, mientras que las pequeñas brotan cerca de la base. Las alcachofas pequeñas, a menudo llamadas alcachofas baby, son ideales para estofar. Prepárelos para cocinar como lo haría con una alcachofa más grande. Su textura y sabor dulce mantecoso es especialmente bueno con el pescado.

1 cebolla pequeña finamente picada

1 1/4 taza de aceite de oliva

1 diente de ajo finamente picado

2 cucharadas de perejil fresco picado

2 libras bebé alcachofas, recortado y cortado en cuartos

1 1/2 taza de agua

Sal y pimienta negra recién molida

1. En una cacerola grande, cocine la cebolla en el aceite a fuego medio hasta que esté tierna, unos 10 minutos. Agrega el ajo y el perejil.

2. Coloca las alcachofas en la sartén y revuelve bien. Agrega el agua y sal y pimienta al gusto. Tape y cocine a fuego lento hasta que las alcachofas estén tiernas al pincharlas con un cuchillo, unos 15 minutos. Sirva tibio oa temperatura ambiente.

Variación: En el Paso 2, agregue 3 papas medianas, peladas y cortadas en cubos de 1 pulgada, con la cebolla.

Alcachofas, Estilo Judío

Carciofi alla Giudia

Rinde 4 porciones

Los judíos llegaron por primera vez a Roma en el siglo I a.C. Se establecieron cerca del río Tíber y en 1556 fueron confinados en un gueto amurallado por el Papa Pablo IV. Muchos eran pobres y se las arreglaban con cualquier alimento sencillo y económico disponible, como bacalao, calabacín y alcachofas. Cuando se derrumbaron los muros del gueto a mediados del siglo XIX, los judíos de Roma habían desarrollado su propio estilo de cocina, que luego se puso de moda con otros romanos. Hoy en día, platos judíos como flores de calabacín rellenas fritas, Ñoquis de sémola, y estas alcachofas se consideran clásicos romanos.

El barrio judío de Roma todavía existe, y hay varios buenos restaurantes donde se puede degustar este estilo de cocina. En Piperno y Da Giggetto, dos trattorias favoritas, estas alcachofas fritas se sirven calientes con mucha sal. Las hojas son tan crujientes como papas fritas. Las alcachofas salpican mientras se cocinan, así que aléjese de la estufa y protéjase las manos.

4 medianos alcachofas, preparado como para relleno

Aceite de oliva

Sal

1. Seque las alcachofas. Coloque una alcachofa con la parte inferior hacia arriba sobre una superficie plana. Con la palma de la mano, presione la alcachofa hacia abajo para aplanarla y extender las hojas abiertas. Repite con el resto de alcachofas. Gírelos para que las puntas de las hojas queden hacia arriba.

2. En una sartén grande y profunda o una cacerola ancha y pesada, caliente aproximadamente 2 pulgadas de aceite de oliva a fuego medio hasta que una hoja de alcachofa se deslice en el aceite y se dore rápidamente. Protéjase la mano con un guante de cocina, ya que el aceite puede escupir y salpicar si las alcachofas están húmedas. Agrega las alcachofas con las puntas de las hojas hacia abajo. Cocine, presionando las alcachofas en el aceite con una espumadera hasta que se doren por un lado, aproximadamente 10 minutos. Con unas pinzas, voltee con cuidado las alcachofas y cocine hasta que se doren, unos 10 minutos más.

3. Escurrir sobre toallas de papel. Espolvoree con sal y sirva inmediatamente.

Guiso Romano de Verduras de Primavera

La Vignarola

Rinde de 4 a 6 porciones

Los italianos están muy en sintonía con las estaciones, y la llegada de las primeras alcachofas de primavera indica que el invierno ha terminado y que pronto volverá el clima cálido. Para celebrar, los romanos comen cuencos de este estofado de verduras frescas de primavera, con alcachofas, como plato principal.

4 onzas de panceta en rodajas, picada

1 1/4 taza de aceite de oliva

1 cebolla mediana picada

4 medianos alcachofas, recortado y en cuartos

1 libra de habas frescas, sin cáscara o en sustitución de 1 taza de habas o habas congeladas

1/2 taza Caldo de pollo

Sal y pimienta negra recién molida

1 libra de guisantes frescos, sin cáscara (aproximadamente 1 taza)

2 cucharadas de perejil fresco picado

1. En una sartén grande, cocine la panceta en el aceite a fuego medio. Revuelva con frecuencia hasta que la panceta comience a dorarse, 5 minutos. Agregue la cebolla y cocine hasta que esté dorada, unos 10 minutos más.

2. Agregue las alcachofas, las habas, el caldo y sal y pimienta al gusto. Baja el fuego. Tape y cocine 10 minutos o hasta que las alcachofas estén casi tiernas al pincharlas con un cuchillo. Agrega los guisantes y el perejil y cocina 5 minutos más. Servir caliente oa temperatura ambiente.

Corazones de alcachofa crujientes

Carciofini Fritti

Rinde de 6 a 8 porciones

En los Estados Unidos, las alcachofas se cultivan principalmente en California, donde fueron plantadas por primera vez a principios del siglo XX por inmigrantes italianos. Las variedades son diferentes de las de Italia y, a menudo, son muy maduras cuando se recogen, por lo que a veces son duras y leñosas. Los corazones de alcachofa congelados pueden quedar muy buenos y ahorrar mucho tiempo. A veces los uso para esta receta. Los corazones de alcachofa fritos quedan deliciosos con chuletas de cordero o como aperitivo.

12 bebe alcachofas, recortados y en cuartos, o 2 paquetes (10 onzas) de corazones de alcachofa congelados, ligeramente cocidos según las instrucciones del paquete

3 huevos grandes, batidos

Sal

2 tazas de pan rallado seco

Aceite para freír

Rodajas de limón

1. Seque las alcachofas frescas o cocidas. En un tazón mediano y poco profundo, bata los huevos con sal al gusto. Extienda el pan rallado en una hoja de papel encerado.

2. Coloque una rejilla para enfriar sobre una bandeja para hornear. Sumerja las alcachofas en la mezcla de huevo, luego enróllelas en las migas. Coloca las alcachofas en la rejilla para que se sequen al menos 15 minutos antes de cocinarlas.

3. Cubra una bandeja con toallas de papel. Vierta el aceite a una profundidad de 1 pulgada en una sartén grande y pesada. Calentar el aceite hasta que chisporrotee una gota de la mezcla de huevo. Agregue la cantidad suficiente de alcachofas para que quepan cómodamente en la sartén sin amontonarse. Cocine, dando vuelta los trozos con pinzas, hasta que estén dorados, unos 4 minutos. Escurrir sobre las toallas de papel y mantener caliente mientras se fríen las alcachofas restantes, en lotes si es necesario.

4. Espolvorear con sal y servir caliente con las rodajas de limón.

Alcachofas rellenas

Carciofi Ripieni

Rinde 8 porciones

Así es como siempre hacía mi madre las alcachofas: es una preparación clásica en todo el sur de Italia. Solo hay suficiente relleno para condimentar las alcachofas y realzar su sabor. Demasiado relleno se empapa y hace que las alcachofas sean pesadas, así que no aumente la cantidad de pan rallado y, por supuesto, use migas de pan de buena calidad. Las alcachofas se pueden preparar con anticipación y servir a temperatura ambiente o se pueden comer calientes y recién hechas.

8 medianos alcachofas, preparado para relleno

3/4 de taza de pan rallado seco

1 1/4 taza de perejil fresco picado

1/4 taza de Pecorino Romano o Parmigiano-Reggiano recién rallado

1 diente de ajo, muy finamente picado

Sal y pimienta negra recién molida

Aceite de oliva

1. Con un cuchillo de chef grande, pique finamente los tallos de alcachofa. Mezclar los tallos en un bol grande con el pan rallado, el perejil, el queso, el ajo y la sal y pimienta al gusto. Agrega un poco de aceite y revuelve para humedecer las migas de manera uniforme. Prueba y ajusta el sazón.

2. Separe suavemente las hojas. Rellena ligeramente el centro de las alcachofas con la mezcla de pan rallado, añadiendo también un poco de relleno entre las hojas. No empaque el relleno.

3. Coloque las alcachofas en una olla lo suficientemente ancha para mantenerlas en posición vertical. Agregue agua hasta una profundidad de 3/4 de pulgada alrededor de las alcachofas. Rocíe las alcachofas con 3 cucharadas de aceite de oliva.

4. Tapa la olla y colócala a fuego medio. Cuando el agua hierva a fuego lento, reduzca el fuego a bajo. Cocine unos 40 a 50 minutos (dependiendo del tamaño de las alcachofas) o hasta que los fondos de las alcachofas estén tiernos al pincharlos con un cuchillo y una hoja se desprenda fácilmente. Agregue agua tibia adicional si es necesario para evitar quemaduras. Sirva tibio oa temperatura ambiente.

Alcachofas Rellenas Estilo Siciliano

Carciofi alla Siciliana

Rinde 4 porciones

El clima cálido y seco de Sicilia es perfecto para el cultivo de alcachofas. Las plantas, que tienen hojas plateadas dentadas, son bastante hermosas y muchas personas las usan como arbustos decorativos en sus huertos familiares. Al final de la temporada, las alcachofas que quedan en la planta se abren por completo, exponiendo el estrangulamiento completamente maduro en el centro, que es de color púrpura y arbustivo.

Esta es la forma siciliana de rellenar alcachofas, que es más compleja que la Alcachofas rellenasreceta. Servir como primer plato antes de un pescado asado o una pierna de cordero.

4 medianos alcachofas, preparado para relleno

1 1/2 taza de pan rallado

4 filetes de anchoa, finamente picados

2 cucharadas de alcaparras escurridas picadas

2 cucharadas de piñones tostados

2 cucharadas de pasas doradas

2 cucharadas de perejil fresco picado

1 diente de ajo grande, finamente picado

Sal y pimienta negra recién molida

4 cucharadas de aceite de oliva

1 1/2 taza de vino blanco seco

Agua

1. En un tazón mediano, combine el pan rallado, las anchoas, las alcaparras, los piñones, las pasas, el perejil, el ajo y la sal y pimienta al gusto. Agrega dos cucharadas de aceite.

2. Separe suavemente las hojas. Rellena las alcachofas sin apretar con la mezcla de pan rallado, añadiendo también un poco de relleno entre las hojas. No empaque el relleno.

3. Coloque las alcachofas en una olla lo suficientemente grande como para mantenerlas en posición vertical. Agregue agua hasta una profundidad de 3/4 de pulgada alrededor de las

alcachofas. Rocíe con las 2 cucharadas de aceite restantes. Vierta el vino alrededor de las alcachofas.

4. Tapa la olla y colócala a fuego medio. Cuando el agua hierva a fuego lento, reduzca el fuego a bajo. Cocine de 40 a 50 minutos (dependiendo del tamaño de las alcachofas) o hasta que los fondos de las alcachofas estén tiernos al pincharlos con un cuchillo y una hoja se desprenda fácilmente. Agregue agua tibia adicional si es necesario para evitar quemaduras. Sirva tibio oa temperatura ambiente.

Espárragos "en la sartén"

Espárragos en Padella

Rinde de 4 a 6 porciones

Estos espárragos se saltean rápidamente. Agregue ajo picado o hierbas frescas, si lo desea.

3 cucharadas de aceite de oliva

1 libra de espárragos

Sal y pimienta negra recién molida

2 cucharadas de perejil fresco picado

1. Recorta la base de los espárragos en el punto donde el tallo cambia de blanco a verde. Corta los espárragos en trozos de 2 pulgadas.

2. En una sartén grande, calienta el aceite a fuego medio. Agrega los espárragos y sal y pimienta al gusto. Cocine durante 5 minutos, revolviendo con frecuencia, o hasta que los espárragos estén ligeramente dorados.

3. Tape la sartén y cocine 2 minutos más o hasta que los espárragos estén tiernos. Agregue el perejil y sirva inmediatamente.

Espárragos con Aceite y Vinagre

Insalata di Asparagi

Rinde de 4 a 6 porciones

Tan pronto como aparecen las primeras lanzas cultivadas localmente en la primavera, las preparo de esta manera y como una gran cantidad para satisfacer el antojo que se ha desarrollado durante el largo invierno. Dale la vuelta a los espárragos en el aderezo mientras aún estén calientes para que absorban el sabor.

1 libra de espárragos

Sal

1 1/4 taza de aceite de oliva extra virgen

1 a 2 cucharadas de vinagre de vino tinto

Pimienta negra recién molida

1. Recorta la base de los espárragos en el punto donde el tallo cambia de blanco a verde. Ponga a hervir aproximadamente 2 pulgadas de agua en una sartén grande. Agrega los espárragos

y la sal al gusto. Cocine hasta que los espárragos se doblen ligeramente cuando los levante del extremo del tallo, de 4 a 8 minutos. El tiempo de cocción dependerá del grosor de los espárragos. Retirar los espárragos con unas pinzas. Escurrir sobre toallas de papel y secar.

2. En un plato grande y poco profundo, combine el aceite, el vinagre, una pizca de sal y una cantidad generosa de pimienta. Batir con un tenedor hasta que se mezcle. Agrega los espárragos y dales la vuelta suavemente hasta que estén cubiertos. Sirva tibio oa temperatura ambiente.

Espárragos con Mantequilla de Limón

Asparagi al Burro

Rinde de 4 a 6 porciones

Los espárragos cocinados de esta manera básica van con prácticamente todo, desde huevos hasta pescado y carne. Agregue cebollino fresco picado, perejil o albahaca a la mantequilla como una variación.

1 libra de espárragos

Sal

2 cucharadas de mantequilla sin sal, derretida

1 cucharada de jugo de limón fresco

Pimienta negra recién molida

1. Recorta la base de los espárragos en el punto donde el tallo cambia de blanco a verde. Ponga a hervir aproximadamente 2 pulgadas de agua en una sartén grande. Agrega los espárragos y la sal al gusto. Cocine hasta que los espárragos se doblen ligeramente cuando los levante del extremo del tallo, de 4 a 8 minutos. El tiempo de cocción dependerá del grosor de los espárragos. Retirar los espárragos con unas pinzas. Escúrrelos sobre toallas de papel y sécalos.

2. Limpia la sartén. Agregue la mantequilla y cocine a fuego medio hasta que se derrita, aproximadamente 1 minuto. Agregue el jugo de limón. Regrese los espárragos a la sartén. Espolvorear con pimienta y darles la vuelta suavemente para que se cubran con la salsa. Servir inmediatamente.

Espárragos con varias salsas

Rinde de 4 a 6 porciones

Los espárragos cocidos son una maravilla servidos a temperatura ambiente con diferentes salsas. Son ideales para una cena porque se pueden preparar con anticipación. No importa si son gruesos o delgados, pero trate de obtener espárragos que sean prácticamente del mismo tamaño, para que se cocinen de manera uniforme.

> Mayonesa de aceite de oliva, Mayonesa de naranja, o Salsa verde

1 libra de espárragos

Sal

1. Prepare la salsa o salsas, si es necesario. Luego, corte la base de los espárragos en el punto donde el tallo cambia de blanco a verde.

2. Ponga a hervir aproximadamente 2 pulgadas de agua en una sartén grande. Agrega los espárragos y la sal al gusto. Cocine hasta que los espárragos se doblen ligeramente cuando los

levante del extremo del tallo, de 4 a 8 minutos. El tiempo de cocción dependerá del grosor de los espárragos.

3. Retirar los espárragos con unas pinzas. Escúrrelos sobre toallas de papel y sécalos. Sirve los espárragos a temperatura ambiente con una o más de las salsas.

Espárragos con aderezo de alcaparras y huevos

Espárragos con Caperi e Uove

Rinde de 4 a 6 porciones

En Trentino-Alto Adige y el Véneto, los espárragos blancos gruesos son un rito de la primavera. Se fríen y se hierven, se agregan a risottos, sopas y ensaladas. Un aderezo de huevo es un condimento típico, como este con jugo de limón, perejil y alcaparras.

1 libra de espárragos

Sal

1 1/4 taza de aceite de oliva

1 cucharadita de jugo de limón fresco

Pimienta recién molida

1 huevo duro cocido, cortado en cubitos

2 cucharadas de perejil fresco picado

1 cucharada de alcaparras, enjuagadas y escurridas

1. Recorta la base de los espárragos en el punto donde el tallo cambia de blanco a verde. Ponga a hervir aproximadamente 2 pulgadas de agua en una sartén grande. Agrega los espárragos y la sal al gusto. Cocine hasta que los espárragos se doblen ligeramente cuando los levante del extremo del tallo, de 4 a 8 minutos. El tiempo de cocción dependerá del grosor de los espárragos. Retirar los espárragos con unas pinzas. Escúrrelos sobre toallas de papel y sécalos.

2. En un tazón pequeño, mezcle el aceite, el jugo de limón y una pizca de sal y pimienta. Agrega el huevo, el perejil y las alcaparras.

3. Coloque los espárragos en una fuente para servir y vierta la salsa. Servir inmediatamente.

Espárragos con Parmesano y Mantequilla

Asparagi alla Parmigiana

Rinde de 4 a 6 porciones

Esto a veces se llama asparagi alla Milanese (espárragos al estilo de Milán), aunque se come en muchas regiones diferentes. Si puedes encontrar espárragos blancos, se adaptan especialmente bien a este tratamiento.

1 libra de espárragos gruesos

Sal

2 cucharadas de mantequilla sin sal

Pimienta negra recién molida

1/2 taza de Parmigiano-Reggiano recién rallado

1. Recorta la base de los espárragos en el punto donde el tallo cambia de blanco a verde. Ponga a hervir aproximadamente 2 pulgadas de agua en una sartén grande. Agrega los espárragos y la sal al gusto. Cocine hasta que los espárragos se doblen ligeramente cuando los levante del extremo del tallo, de 4 a 8

minutos. El tiempo de cocción dependerá del grosor de los espárragos. Retirar los espárragos con unas pinzas. Escúrrelos sobre toallas de papel y sécalos.

2. Coloque una rejilla en el centro del horno. Precalienta el horno a 450 ° F. Unte con mantequilla una fuente para hornear grande.

3. Coloca los espárragos uno al lado del otro en la fuente para hornear, superponiéndolos ligeramente. Salpicar con mantequilla y espolvorear con pimienta y queso.

4. Hornea 15 minutos o hasta que el queso se derrita y se dore. Servir inmediatamente.

Paquetes de espárragos y prosciutto

Fagottini di Asparagi

Rinde 4 porciones

Para un plato más sustancioso, a veces cubro cada paquete con rodajas de Fontina Valle d'Aosta, mozzarella u otro queso que se derrita bien.

1 libra de espárragos

Sal y pimienta recién molida

4 rebanadas de prosciutto italiano importado

2 cucharadas de mantequilla

1/4 de taza de Parmigiano-Reggiano recién rallado

1. Recorta la base de los espárragos en el punto donde el tallo cambia de blanco a verde. Ponga a hervir aproximadamente 2 pulgadas de agua en una sartén grande. Agrega los espárragos y la sal al gusto. Cocine hasta que los espárragos se doblen ligeramente cuando los levante del extremo del tallo, de 4 a 8 minutos. El tiempo de cocción dependerá del grosor de los espárragos. Retirar los espárragos con unas pinzas. Escurrir sobre toallas de papel y secar.

2. Coloque una rejilla en el centro del horno. Precalienta el horno a 350 ° F. Unte con mantequilla una fuente para hornear grande.

3. Derrita la mantequilla en una sartén grande. Agrega los espárragos y espolvorea con sal y pimienta. Con dos espátulas, voltee los espárragos con cuidado en la mantequilla para cubrirlos bien.

4. Divide los espárragos en 4 grupos. Coloque cada grupo en el centro de una rebanada de jamón serrano. Envuelva los espárragos con las puntas del jamón serrano. Coloque los paquetes en la fuente para hornear. Espolvorea con el Parmigiano.

5. Hornea los espárragos 15 minutos o hasta que el queso se derrita y forme una costra. Servir caliente.

Espárragos asados

Asparagi al Forno

Rinde de 4 a 6 porciones

El asado dora los espárragos y resalta su dulzura natural. Son perfectos para asar carne. Puedes sacar la carne cocida del horno y, mientras reposa, hornear los espárragos. Use espárragos gruesos para esta receta.

1 libra de espárragos

1 1/4 taza de aceite de oliva

Sal

1. Coloque una rejilla en el centro del horno. Precalienta el horno a 450 ° F. Recorta la base de los espárragos en el punto donde el tallo cambia de blanco a verde.

2. Coloque los espárragos en una bandeja para hornear lo suficientemente grande como para mantenerlos en una sola capa. Rocíe con aceite y sal. Enrolle los espárragos de lado a lado para cubrirlos con el aceite.

3. Hornee de 8 a 10 minutos o hasta que los espárragos estén tiernos.

Espárragos en Zabaglione

Espárragos allo Zabaione

Rinde 6 porciones

Zabaglione es una crema de huevo esponjosa que generalmente se sirve endulzada como postre. En este caso, los huevos se baten con vino blanco y sin azúcar y se sirven sobre espárragos. Esto lo convierte en un primer plato elegante para una comida de primavera. Pelar los espárragos es opcional, pero asegura que los espárragos estén tiernos de la punta al tallo.

1 1/2 libras de espárragos

2 yemas de huevo grandes

1 1/4 taza de vino blanco seco

Pizca de sal

1 cucharada de mantequilla sin sal

1. Recorta la base de los espárragos en el punto donde el tallo cambia de blanco a verde. Para pelar los espárragos, comience por debajo de la punta y, con un pelador de hoja giratoria,

retire la cáscara de color verde oscuro hasta el extremo del tallo.

2. Ponga a hervir aproximadamente 2 pulgadas de agua en una sartén grande. Agrega los espárragos y la sal al gusto. Cocine hasta que los espárragos se doblen ligeramente cuando los levante del extremo del tallo, de 4 a 8 minutos. El tiempo de cocción dependerá del grosor de los espárragos. Retirar los espárragos con unas pinzas. Escurrir sobre toallas de papel y secar.

3. Hierva aproximadamente una pulgada de agua a fuego lento en la mitad inferior de una cacerola o baño maría. Coloque las yemas de huevo, el vino y la sal en la parte superior del baño maría o en un recipiente resistente al calor que quepa cómodamente sobre la cacerola sin tocar el agua.

4. Batir la mezcla de huevo hasta que se mezcle, luego colocar la sartén o tazón sobre el agua hirviendo. Batir con una batidora eléctrica de mano o con un batidor de varillas hasta que la mezcla tenga un color pálido y mantenga una forma suave cuando se levanten los batidores, unos 5 minutos. Batir la mantequilla hasta que se mezcle.

5. Vierta la salsa tibia sobre los espárragos y sirva inmediatamente.

Espárragos con Taleggio y Piñones

Espárragos con Taleggio e Pinoli

Rinde de 6 a 8 porciones

No muy lejos de Peck's, la famosa gastronomia (tienda de alimentos gourmet) de Milán, se encuentra la Trattoria Milanese. Es un gran lugar para probar platos lombardos clásicos y sencillos, como estos espárragos cubiertos con taleggio, un queso de leche de vaca aromático, semisuave y mantecoso que se elabora localmente y es uno de los mejores quesos de Italia. Fontina o Bel Paese pueden ser sustituidos si taleggio no está disponible.

2 libras de espárragos

Sal

2 cucharadas de mantequilla sin sal, derretida

6 onzas de taleggio, Fontina Valle d'Aosta o Bel Paese, cortado en trozos pequeños

1/4 de taza de piñones picados o almendras en rodajas

1 cucharada de pan rallado

1. Coloque una rejilla en el centro del horno. Precalienta el horno a 450 ° F. Unte con mantequilla una fuente para hornear de 13 × 9 × 2 pulgadas.

2. Recorta la base de los espárragos en el punto donde el tallo cambia de blanco a verde. Para pelar los espárragos, comience por debajo de la punta y, con un pelador de hoja giratoria, retire la cáscara de color verde oscuro hasta el extremo del tallo.

3. Ponga a hervir aproximadamente 2 pulgadas de agua en una sartén grande. Agrega los espárragos y la sal al gusto. Cocine hasta que los espárragos se doblen ligeramente cuando los levante por el extremo del tallo, de 4 a 8 minutos. El tiempo de cocción dependerá del grosor de los espárragos. Retirar los espárragos con unas pinzas. Escúrrelos sobre toallas de papel y sécalos.

4. Coloca los espárragos en la fuente para hornear. Rocíe con la mantequilla. Esparcir el queso sobre los espárragos. Espolvorea con las nueces y el pan rallado.

5. Hornee hasta que el queso se derrita y las nueces se doren, aproximadamente 15 minutos. Servir caliente.

Timbales de espárragos

Sformatini di Asparagi

Rinde 6 porciones

Las natillas suaves y sedosas como estas son una preparación pasada de moda, pero que sigue siendo popular en muchos restaurantes italianos, esencialmente porque es muy deliciosa. Prácticamente cualquier verdura se puede hacer de esta manera, y estos pequeños moldes son buenos para una guarnición, un primer plato o un plato principal vegetariano. Sformatini, literalmente "pequeñas cosas sin moldear", se puede servir solo, cubierto con salsa de tomate o queso, o rodeado de verduras salteadas con mantequilla.

1 taza Salsa bechamel

1 1/2 libras de espárragos, cortados

3 huevos grandes

1/4 de taza de Parmigiano-Reggiano recién rallado

Sal y pimienta negra recién molida

1. Prepara la bechamel, si es necesario. Ponga a hervir aproximadamente 2 pulgadas de agua en una sartén grande. Agrega los espárragos y la sal al gusto. Cocine hasta que los espárragos se doblen ligeramente cuando los levante por el extremo del tallo, de 4 a 8 minutos. El tiempo de cocción dependerá del grosor de los espárragos. Retirar los espárragos con unas pinzas. Escúrrelos sobre toallas de papel y sécalos. Corta y reserva 6 de las puntas.

2. Coloque los espárragos en un procesador de alimentos y procese hasta que estén suaves. Mezcle los huevos, la bechamel, el queso, 1 cucharadita de sal y la pimienta al gusto.

3. Coloque una rejilla en el centro del horno. Precalienta el horno a 350 ° F. Unte generosamente en mantequilla seis moldes o tazas para natillas de 6 onzas. Vierta la mezcla de espárragos en las tazas. Coloque las tazas en una fuente grande para asar y vierta agua hirviendo en la sartén hasta la mitad de los lados de las tazas.

4. Hornea de 50 a 60 minutos o hasta que al insertar un cuchillo en el centro salga limpio. Retire los moldes de la sartén y pase un cuchillo pequeño por el borde. Invierta los moldes en platos para servir. Cubra con las puntas de espárrago reservadas y sirva caliente.

Frijoles Estilo Country

Fagioli alla Paesana

Rinde aproximadamente 6 tazas de frijoles, porciones de 10 a 12

Este es un método de cocción básico para todo tipo de frijoles. Los frijoles en remojo pueden fermentar si se dejan a temperatura ambiente, así que los coloco en el refrigerador. Una vez cocidos, sírvelos como están con un chorrito de aceite de oliva extra virgen, o agrégalos a sopas o ensaladas.

1 libra de arándanos, cannellini u otros frijoles secos

1 zanahoria, cortada

1 tallo de apio con hojas

1 cebolla

2 dientes de ajo

2 cucharadas de aceite de oliva

Sal

1. Enjuague los frijoles y recójalos para quitar los frijoles rotos o las piedras pequeñas.

2. Coloque los frijoles en un tazón grande con agua fría para cubrir 2 pulgadas. Refrigere 4 horas hasta toda la noche.

3. Escurre los frijoles y colócalos en una olla grande con agua fría para cubrir 1 pulgada. Lleva el agua a fuego lento a fuego medio. Reduzca el fuego a bajo y retire la espuma que sube a la superficie. Cuando la espuma deje de subir, agregue las verduras y el aceite de oliva.

4. Tape la olla y cocine a fuego lento de 11/2 a 2 horas, agregando más agua si es necesario, hasta que los frijoles estén muy tiernos y cremosos. Agrega sal al gusto y deja reposar unos 10 minutos. Desecha las verduras. Servir caliente oa temperatura ambiente.

Frijoles toscanos

Fagioli Stufati

Rinde 6 porciones

Los toscanos son los maestros de la cocina de frijoles. Hierven a fuego lento las legumbres secas con hierbas en un líquido apenas burbujeante. La cocción lenta y prolongada produce frijoles tiernos y cremosos que mantienen su forma mientras se cocinan.

Siempre pruebe varios frijoles para determinar si están cocidos, porque no todos se cocinarán al mismo tiempo. Dejo los frijoles reposar un rato en la estufa apagada después de cocinarlos para asegurarme de que estén bien cocidos. Son buenos cuando están tibios y se recalientan perfectamente.

Los frijoles son buenos como guarnición o en sopas, o pruébelos con una cuchara sobre pan italiano tostado tibio que ha sido untado con ajo y rociado con aceite.

8 onzas de cannellini secos, arándanos u otros frijoles

1 diente de ajo grande, ligeramente triturado

6 hojas frescas de salvia, o una pequeña rama de romero, o 3 ramitas de tomillo fresco

Sal

Aceite de oliva virgen extra

Pimienta negra recién molida

1. Enjuague los frijoles y recójalos para quitar los frijoles rotos o las piedras pequeñas. Coloque los frijoles en un tazón grande con agua fría para cubrir 2 pulgadas. Refrigere 4 horas hasta toda la noche.

2. Precalienta el horno a 300 ° F. Escurre los frijoles y colócalos en un horno holandés u otra olla profunda y pesada con una tapa hermética. Agregue agua fresca para cubrir 1 pulgada. Agrega el ajo y la salvia. Llevar a fuego lento a fuego lento.

3. Cubra la olla y colóquela en la rejilla central del horno. Cocine hasta que los frijoles estén muy tiernos, aproximadamente 1 hora y 15 minutos o más, según el tipo y la edad de los frijoles. Verifique ocasionalmente para ver si se necesita más agua para mantener los frijoles cubiertos. Algunos frijoles pueden requerir 30 minutos más de tiempo de cocción.

4. Prueba los frijoles. Cuando estén completamente tiernas, agregue sal al gusto. Deje reposar los frijoles durante 10 minutos. Sirva caliente con un chorrito de aceite de oliva y una pizca de pimienta negra.

Ensalada De Frijoles

Insalata di Fagioli

Rinde 4 porciones

Aliñar los frijoles mientras están calientes les ayuda a absorber los sabores.

2 cucharadas de aceite de oliva extra virgen

2 cucharadas de jugo de limón fresco

Sal y pimienta negra recién molida

2 tazas de frijoles cocidos o enlatados calientes, como frijoles cannellini o arándanos

1 pimiento amarillo pequeño, cortado en cubitos

1 taza de tomates cherry, cortados por la mitad o en cuartos

2 cebollas verdes, cortadas en trozos de 1/2 pulgada

1 manojo de rúcula, cortada

1. En un tazón mediano, mezcle el aceite, el jugo de limón y la sal y pimienta al gusto. Escurre los frijoles y agrégalos al aderezo. Revuelva bien. Deje reposar 30 minutos.

2. Agregue el pimiento, los tomates y las cebollas y mezcle. Pruebe y ajuste la sazón.

3. Coloque la rúcula en una fuente y cubra con la ensalada. Servir inmediatamente.

Frijoles y Repollo

Fagioli e Cavolo

Rinde 6 porciones

Sirva esto como primer plato en lugar de pasta o sopa, o como guarnición con cerdo o pollo asado.

2 onzas de panceta (4 rebanadas gruesas), cortadas en tiras de 1/2 pulgada

2 cucharadas de aceite de oliva

1 cebolla pequeña picada

2 dientes de ajo grandes

1/4 de cucharadita de pimiento rojo triturado

4 tazas de repollo rallado

1 taza de tomates frescos o enlatados picados

Sal

3 tazas de frijoles cannellini o arándanos cocidos o enlatados, escurridos

1. En una sartén grande, cocine la panceta en el aceite de oliva durante 5 minutos. Agregue la cebolla, el ajo y el pimiento picante y cocine hasta que la cebolla se ablande, aproximadamente 10 minutos.

2. Agrega el repollo, los tomates y la sal al gusto. Reduzca el fuego a bajo y cubra la sartén. Cocine 20 minutos o hasta que el repollo esté tierno. Agregue los frijoles y cocine 5 minutos más. Servir caliente.

Frijoles en Salsa de Tomate y Salvia

Fagioli all'Uccelletto

Rinde 8 porciones

Estos frijoles toscanos se cocinan a la manera de los pajaritos de caza, con salvia y tomate, de ahí su nombre italiano.

1 libra de cannellini secos o frijoles Great Northern, enjuagados y recogidos

Sal

2 ramitas de salvia fresca

3 dientes de ajo grandes

1 1/4 taza de aceite de oliva

3 tomates grandes, pelados, sin semillas y picados, o 2 tazas de tomates enlatados

1. Coloque los frijoles en un tazón grande con agua fría para cubrir 2 pulgadas. Colóquelos en el refrigerador para que se remojen durante 4 horas hasta toda la noche.

2. Escurre los frijoles y colócalos en una olla grande con agua fría para cubrir 1 pulgada. Lleva el líquido a fuego lento. Cubra y cocine hasta que los frijoles estén tiernos, de 1 1/2 a 2 horas. Agrega sal al gusto y deja reposar 10 minutos.

3. En una cacerola grande, cocine la salvia y el ajo en el aceite a fuego medio, aplanando el ajo con el dorso de una cuchara, hasta que el ajo esté dorado, aproximadamente 5 minutos. Agrega los tomates.

4. Escurre los frijoles, reservando el líquido. Agrega los frijoles a la salsa. Cocine 10 minutos, agregando un poco del líquido reservado si los frijoles se secan. Sirva tibio oa temperatura ambiente.

Guiso de garbanzos

Ceci en Zimino

Rinde de 4 a 6 porciones

Este guiso abundante es bueno por sí solo, o puede agregar un poco de pasta pequeña cocida o arroz y agua o caldo para convertirlo en una sopa.

1 cebolla mediana picada

1 diente de ajo finamente picado

4 cucharadas de aceite de oliva

1 libra de acelgas o espinacas, cortadas y picadas

Sal y pimienta negra recién molida

3 1/2 tazas de garbanzos cocidos o enlatados escurridos

Aceite de oliva virgen extra

1. En una cacerola mediana, cocine la cebolla y el ajo en el aceite a fuego medio hasta que estén dorados, 10 minutos. Agrega las acelgas y la sal al gusto. Tape y cocine 15 minutos.

2. Agrega los garbanzos con un poco de su líquido de cocción o agua y sal y pimienta al gusto. Tape y cocine 30 minutos más. Revuelva de vez en cuando y triture algunos de los garbanzos con el dorso de una cuchara. Agregue un poco más de líquido si la mezcla se seca demasiado.

3. Deje que se enfríe un poco antes de servir. Rocíe con un poco de aceite de oliva extra virgen si lo desea

Habas con Verduras Amargas

Fave e Cicoria

Rinde de 4 a 6 porciones

Las habas secas tienen un sabor terroso y ligeramente amargo. Al comprarlos, busque la variedad pelada. Son un poco más caras, pero valen la pena para evitar las pieles duras. También se cocinan más rápido que las habas con piel. Puede encontrar habas secas y peladas en mercados étnicos y en los que se especializan en alimentos naturales.

Esta receta es de Puglia, donde es prácticamente el plato nacional. Se puede utilizar cualquier tipo de verduras amargas, como achicoria, brócoli rabe, hojas de nabo o diente de león. Me gusta agregar una pizca de pimiento rojo triturado a las verduras mientras se cocinan, pero eso no es tradicional.

8 onzas de habas secas, peladas, enjuagadas y escurridas

1 papa mediana hirviendo, pelada y cortada en trozos de 1 pulgada

Sal

1 libra de achicoria o hojas de diente de león, recortadas

1 1/4 taza de aceite de oliva extra virgen

1 diente de ajo finamente picado

Pizca de pimiento rojo triturado

1. Coloque los frijoles y la papa en una olla grande. Agregue agua fría para cubrir 1/2 pulgada. Deje hervir a fuego lento y cocine hasta que los frijoles estén muy suaves y se deshagan y se absorba toda el agua.

2. Agrega sal al gusto. Tritura los frijoles con el dorso de una cuchara o un machacador de papas. Agrega el aceite.

3. Traiga una olla grande con agua a hervir. Agrega las verduras y la sal al gusto. Cocine hasta que estén tiernos, dependiendo de la variedad de verduras, de 5 a 10 minutos. Escurrir bien.

4. Seca la olla. Agrega el aceite, el ajo y el pimiento rojo triturado. Cocine a fuego medio hasta que el ajo esté dorado, aproximadamente 2 minutos. Agregue las verduras escurridas y sal al gusto. Mezcle bien.

5. Extienda el puré de frijoles en una fuente para servir. Apila las verduras encima. Rocíe con más aceite si lo desea. Sirva caliente o tibio.

Habas frescas, estilo romano

Fave alla Romana

Rinde 4 porciones

Las habas frescas en sus vainas son un vegetal de primavera importante en el centro y sur de Italia. A los romanos les gusta sacarlos de la cáscara y comerlos crudos como acompañamiento del queso de oveja joven. Los frijoles también se guisan con otras verduras de primavera como guisantes y alcachofas.

Si las habas son muy jóvenes y tiernas, no es necesario pelar la fina piel que cubre cada frijol. Intente comer uno con la cáscara y otro sin ella para decidir si están tiernos.

El sabor y la textura de las habas frescas es completamente diferente de las habas secas, así que no las sustituyas unas por otras. Si no puede encontrar favas frescas, busque los frijoles congelados que se venden en muchos mercados italianos y del Medio Oriente. Las habas de lima frescas o congeladas también funcionan bien en este plato.

1 cebolla pequeña finamente picada

4 onzas de panceta, cortada en cubitos

2 cucharadas de aceite de oliva

4 libras de habas frescas, sin cáscara (aproximadamente 3 tazas)

Sal y pimienta negra recién molida

1 1/4 taza de agua

1. En una sartén mediana, cocine la cebolla y la panceta en el aceite de oliva a fuego medio durante 10 minutos o hasta que estén doradas.

2. Agregue las habas y sal y pimienta al gusto. Agrega el agua y baja el fuego. Tape la sartén y cocine 5 minutos o hasta que los frijoles estén casi tiernos.

3. Destape la sartén y cocine hasta que los frijoles y la panceta estén ligeramente dorados, aproximadamente 5 minutos. Servir caliente.

Habas frescas, estilo de Umbría

Scafata

Rinde 6 porciones

Las vainas de habas deben ser firmes y crujientes, no arrugadas ni blandas, lo que indica que son demasiado viejas. Cuanto más pequeña sea la vaina, más tiernos serán los frijoles. Figura 1 libra de habas frescas en la vaina por 1 taza de habas sin cáscara.

2 1/2 libras de habas frescas, sin cáscara o 2 tazas de habas congeladas

1 libra de acelgas, recortadas y cortadas en tiras de 1/2 pulgada

1 cebolla picada

1 zanahoria mediana, picada

1 costilla de apio picada

1 1/4 taza de aceite de oliva

1 cucharadita de sal

Pimienta negra recién molida

1 tomate mediano maduro, pelado, sin semillas y picado

1. En una cacerola mediana, mezcle todos los ingredientes excepto el tomate. Tape y cocine a fuego lento, revolviendo ocasionalmente, durante 15 minutos o hasta que los frijoles estén tiernos. Agrega un poco de agua si las verduras comienzan a pegarse.

2. Agregue el tomate y cocine sin tapar durante 5 minutos. Servir caliente.

Brócoli con Aceite y Limón

Brócoli al Agro

Rinde 6 porciones

Esta es la forma básica de servir muchos tipos de verduras cocidas en el sur de Italia. Siempre se sirven a temperatura ambiente.

11/2 libras de brócoli

Sal

11/4 taza de aceite de oliva extra virgen

1 a 2 cucharadas de jugo de limón fresco

Rodajas de limón, para decorar

1. Corta el brócoli en floretes grandes. Recorta los extremos de los tallos. Quite la piel dura con un pelador de verduras de hoja giratoria. Corte los tallos gruesos transversalmente en rodajas de 1/4 de pulgada.

2. Traiga una olla grande con agua a hervir. Agrega el brócoli y la sal al gusto. Cocine hasta que el brócoli esté tierno, de 5 a 7 minutos. Escurrir y enfriar un poco con agua corriente fría.

3. Rocíe el brócoli con el aceite y el jugo de limón. Adorne con las rodajas de limón. Sirve a temperatura ambiente.

Brócoli, Estilo Parma

Brócoli alla Parmigiana

Rinde 4 porciones

Para variar, prepare este plato con una combinación de coliflor y brócoli.

11/2 libras de brócoli

Sal

3 cucharadas de mantequilla sin sal

Pimienta negra recién molida

1/2 taza de Parmigiano-Reggiano recién rallado

1. Corta el brócoli en floretes grandes. Recorta los extremos de los tallos. Quite la piel dura con un pelador de verduras de hoja giratoria. Corte los tallos gruesos transversalmente en rodajas de 1/4 de pulgada.

2. Traiga una olla grande con agua a hervir. Agrega el brócoli y la sal al gusto. Cocine hasta que el brócoli esté parcialmente cocido, unos 5 minutos. Escurrir y enfriar con agua fría.

3. Coloque una rejilla en el centro del horno. Precalienta el horno a 375 ° F. Unte con mantequilla una fuente para hornear lo suficientemente grande como para contener el brócoli.

4. Coloque las lanzas en el plato preparado, superponiéndolas ligeramente. Salpique con la mantequilla y espolvoree con pimienta. Espolvorea el queso encima.

5. Hornea 10 minutos o hasta que el queso se derrita y se dore ligeramente. Servir caliente.

Rabe de brócoli con ajo y pimiento picante

Cime di Rape col Peperoncino

Rinde 4 porciones

No hay nada mejor que esta receta cuando se trata de condimentar brócoli rabe. Este plato también se puede preparar con brócoli o coliflor. Algunas versiones incluyen unas anchoas salteadas con ajo y aceite, o intente agregar un puñado de aceitunas para obtener un sabor salado. Esto también es un excelente aderezo para la pasta.

1 1/2 libras de brócoli rabe

Sal

3 cucharadas de aceite de oliva

2 dientes de ajo grandes, en rodajas finas

Pizca de pimiento rojo triturado

1. Separe el brócoli rabe en floretes. Recorta la base de los tallos. Pelar los tallos es opcional. Corta cada florete en forma transversal en 2 o 3 trozos.

2. Traiga una olla grande con agua a hervir. Agrega el brócoli rabe y sal al gusto. Cocine hasta que el brócoli esté casi tierno, unos 5 minutos. Drenar.

3. Seca la olla y agrega el aceite, el ajo y el pimiento rojo. Cocine a fuego medio hasta que el ajo esté ligeramente dorado, aproximadamente 2 minutos. Agrega el brócoli y una pizca de sal. Revuelva bien. Tape y cocine hasta que estén tiernos, 3 minutos más. Servir caliente oa temperatura ambiente.

Brócoli con Prosciutto

Brasato di Brócoli

Rinde 4 porciones

El brócoli en esta receta se cocina hasta que esté lo suficientemente suave como para machacarlo con un tenedor. Sírvelo como guarnición o úntalo sobre pan italiano tostado para crostini.

1 1/2 libras de brócoli

Sal

1 1/4 taza de aceite de oliva

1 cebolla mediana picada

1 diente de ajo finamente picado

4 rebanadas finas de prosciutto italiano importado, cortadas transversalmente en tiras finas

1. Corta el brócoli en floretes grandes. Recorta los extremos de los tallos. Quite la piel dura con un pelador de verduras de

hoja giratoria. Corte los tallos gruesos transversalmente en rodajas de 1/4 de pulgada.

2. Traiga una olla grande con agua a hervir. Agrega el brócoli y la sal al gusto. Cocine hasta que el brócoli esté parcialmente cocido, unos 5 minutos. Escurrir y enfriar con agua fría.

3. Seca la olla y agrega el aceite, la cebolla y el ajo. Cocine a fuego medio hasta que esté dorado, unos 10 minutos. Agrega el brócoli. Tape y baje el fuego a bajo. Cocine hasta que el brócoli esté suave, unos 15 minutos.

4. Machaca el brócoli con un machacador de patatas o un tenedor. Agrega el prosciutto. Sazone al gusto con sal y pimienta. Servir caliente.

Bocaditos de Pan con Brócoli Rabe

Morsi con Cime di Rape

Rinde 4 porciones

Una minestra puede ser una sopa espesa hecha con pasta o arroz, o un plato de verduras abundante, como este de Puglia que contiene cubos de pan. Aunque probablemente fue inventado por un ama de casa ahorrativo con pan sobrante y muchas bocas para llenar, es lo suficientemente sabroso para un primer plato o como guarnición con costillas o chuletas de cerdo.

1 1/2 libras de brócoli rabe

3 dientes de ajo, en rodajas finas

Pizca de pimiento rojo triturado

1/3 taza de aceite de oliva

4 a 6 rebanadas (de 1/2 pulgada de grosor) de pan italiano o francés, cortadas en trozos pequeños

1. Separe el brócoli rabe en floretes. Recorta la base de los tallos. Pelar los tallos es opcional. Corta cada florete transversalmente en trozos de 1 pulgada.

2. Traiga una olla grande con agua a hervir. Agrega el brócoli rabe y sal al gusto. Cocine hasta que el brócoli esté casi tierno, unos 5 minutos. Drenar.

3. En una sartén grande, cocine el ajo y el pimiento rojo en el aceite durante 1 minuto. Agregue los cubos de pan y cocine, revolviendo con frecuencia hasta que el pan esté ligeramente tostado, aproximadamente 3 minutos.

4. Agrega el brócoli rabe y una pizca de sal. Cocine, revolviendo, 5 minutos más. Servir caliente.

Rabe de brócoli con panceta y tomates

Cime di Rape al Pomodori

Rinde 4 porciones

En esta receta, el sabor carnoso de la panceta, la cebolla y el tomate complementa el sabor audaz del brócoli rabe. Este es otro de esos platos que sería genial mezclar con un poco de pasta cocida caliente.

1 1/2 libras de brócoli rabe

Sal

2 cucharadas de aceite de oliva

2 rodajas gruesas de panceta picadas

1 cebolla mediana picada

Pizca de pimiento rojo triturado

1 taza de tomates enlatados picados

2 cucharadas de vino blanco seco o agua

1. Separe el brócoli rabe en floretes. Recorta la base de los tallos. Pelar los tallos es opcional. Corta cada florete transversalmente en trozos de 1 pulgada.

2. Traiga una olla grande con agua a hervir. Agrega el brócoli rabe y sal al gusto. Cocine hasta que el brócoli esté casi tierno, unos 5 minutos. Drenar.

3. Vierta el aceite en una sartén grande. Agregue la panceta, la cebolla y el pimiento rojo y cocine a fuego medio hasta que la cebolla esté transparente, aproximadamente 5 minutos. Agrega los tomates, el vino y una pizca de sal. Cocine 10 minutos más o hasta que espese.

4. Agregue el brócoli rabe y cocine hasta que esté caliente, aproximadamente 2 minutos. Servir caliente.

Tortas De Verduras Pequeñas

Frittelle di Erbe di Campo

Rinde 8 porciones

En Sicilia, estos pequeños panqueques de verduras están hechos con verduras silvestres amargas. Puede utilizar brócoli rabe, hojas de mostaza, borraja o achicoria. Estos pequeños pasteles se comen tradicionalmente en la época de Pascua como aperitivo o guarnición. Están bien calientes o a temperatura ambiente.

1 1/2 libras de brócoli rabe

Sal

4 huevos grandes

2 cucharadas de caciocavallo rallado o Pecorino Romano

Sal y pimienta negra recién molida

2 cucharadas de aceite de oliva

1. Separe el brócoli rabe en floretes. Recorta la base de los tallos. Pelar los tallos es opcional. Corta cada florete transversalmente en trozos de 1 pulgada.

2. Traiga una olla grande con agua a hervir. Agrega el brócoli rabe y sal al gusto. Cocine hasta que el brócoli esté casi tierno, unos 5 minutos. Drenar. Deje enfriar un poco, luego exprima el agua. Picar el brócoli rabe.

3. En un tazón grande, bata los huevos, el queso y la sal y pimienta al gusto. Agregue las verduras.

4. Calienta el aceite en una sartén grande a fuego medio. Saque una cucharada colmada de la mezcla y colóquela en la sartén. Aplana la mezcla con una cuchara hasta formar un panqueque pequeño. Repite con la mezcla restante. Cocine 1 lado de los pasteles hasta que estén ligeramente dorados, aproximadamente 2 minutos, luego déles la vuelta con una espátula y cocine el otro lado hasta que estén dorados y bien cocidos. Servir caliente oa temperatura ambiente.

Coliflor frita

Cavolfiore Fritte

Rinde 4 porciones

Intente servir coliflor preparada de esta manera a alguien a quien normalmente no le gusta esta verdura versátil, y seguramente hará una conversión. La capa crujiente con sabor a queso proporciona un excelente contraste con la tierna coliflor. Estos se pueden pasar como aperitivos de fiesta o servir como guarnición con chuletas a la parrilla. Para obtener la mejor textura, sírvalos inmediatamente después de cocinarlos.

1 coliflor pequeña (aproximadamente 1 libra)

Sal

1 taza de pan rallado seco

3 huevos grandes

1/2 taza de Parmigiano-Reggiano recién rallado

Pimienta negra recién molida

Aceite vegetal

Rodajas de limón

1. Corta la coliflor en floretes de 2 pulgadas. Recorta los extremos de los tallos. Corte los tallos gruesos transversalmente en rodajas de 1/4 de pulgada.

2. Traiga una olla grande con agua a hervir. Agrega la coliflor y la sal al gusto. Cocine hasta que la coliflor esté casi tierna, unos 5 minutos. Escurrir y enfriar con agua fría.

3. Coloque el pan rallado en un plato poco profundo. En un tazón pequeño, bata los huevos, el queso y la sal y pimienta al gusto. Sumerja los trozos de coliflor en el huevo, luego enróllelos en el pan rallado. Deje secar en una rejilla durante 15 minutos.

4. Vierta el aceite en una sartén grande y profunda hasta una profundidad de 1/2 pulgada. Calienta a fuego medio hasta que un poco de la mezcla de huevo caído en la sartén chisporrotee y se cocine rápidamente. Mientras tanto, forre una bandeja con toallas de papel.

5. Coloque solo suficientes piezas de coliflor en la sartén para que quepan cómodamente sin tocarlas. Fríe los trozos, dándoles la vuelta con unas pinzas, hasta que estén dorados y crujientes, unos 6 minutos. Escurre la coliflor sobre las toallas de papel. Repite con la coliflor restante.

6. Sirve la coliflor caliente, con rodajas de limón.

Puré de coliflor

Purèa di Cavolfiore

Rinde 4 porciones

Aunque parece un puré de papas ordinario, este puré de coliflor y papas es mucho más ligero y sabroso. Es un buen cambio del puré de papas e incluso se puede servir con un guiso abundante, comoPierna de ternera estofada.

1 coliflor pequeña (aproximadamente 1 libra)

3 papas a medio hervir, peladas y cortadas en cuartos

Sal

1 cucharada de mantequilla sin sal

2 cucharadas de Parmigiano-Reggiano rallado

Pimienta negra recién molida

1. Corta la coliflor en floretes de 2 pulgadas. Recorta los extremos de los tallos. Corte los tallos gruesos transversalmente en rodajas de 1/4 de pulgada.

2. En una olla lo suficientemente grande para contener todas las verduras, combine las papas con 3 cuartos de agua fría y sal al gusto. Deje hervir a fuego lento y cocine 5 minutos.

3. Agrega la coliflor y cocina hasta que las verduras estén muy tiernas, unos 10 minutos. Escurre la coliflor y las patatas. Licúelos hasta que estén suaves con una batidora eléctrica o batidora de mano. No las bata demasiado o las patatas se volverán pegajosas.

4. Agregue la mantequilla, el queso, la sal y la pimienta al gusto. Servir caliente.

Coliflor Asado

Cavolfiore al Forno

Rinde de 4 a 6 porciones

La coliflor pasa de suave a deliciosa cuando se asa hasta que se dora ligeramente. Para variar, mezcle la coliflor cocida con un poco de vinagre balsámico.

1 coliflor mediana (alrededor de 1 1/2 libras)

1 1/4 taza de aceite de oliva

Sal y pimienta negra recién molida

1. Corta la coliflor en floretes de 2 pulgadas. Recorta los extremos de los tallos. Corte los tallos gruesos transversalmente en rodajas de 1/4 de pulgada.

2. Coloque una rejilla en el centro del horno. Precalienta el horno a 350 ° F. Extienda la coliflor en una fuente para asar lo suficientemente grande como para mantenerla en una sola capa. Mezcle con el aceite y una generosa pizca de sal y pimienta.

3. Hornee, revolviendo ocasionalmente, durante 45 minutos o hasta que la coliflor esté tierna y ligeramente dorada. Sirva caliente.

Coliflor ahogada

Cavolfiore Stufato

Rinde de 4 a 6 porciones

Algunas personas dicen que la coliflor es blanda, pero yo digo que su sabor suave y textura cremosa es un telón de fondo perfecto para ingredientes sabrosos.

1 coliflor mediana (alrededor de 1 1/2 libras)

3 cucharadas de aceite de oliva

1 1/4 taza de agua

2 dientes de ajo, en rodajas finas

Sal

1 1/2 taza de aceitunas negras suaves, como Gaeta, sin hueso y en rodajas

4 anchoas picadas (opcional)

2 cucharadas de perejil fresco picado

1. Corta la coliflor en floretes de 2 pulgadas. Recorta los extremos de los tallos. Corte los tallos gruesos transversalmente en rodajas de 1/4 de pulgada.

2. Vierta el aceite en una sartén grande y agregue la coliflor. Cocine a fuego medio hasta que la coliflor comience a dorarse. Agrega el agua, el ajo y una pizca de sal. Tape y cocine a fuego lento hasta que la coliflor esté tierna al pincharla con un cuchillo y el agua se haya evaporado, unos 10 minutos.

3. Agregue las aceitunas, las anchoas y el perejil y mezcle bien. Cocine sin tapar 2 minutos más, revolviendo ocasionalmente. Servir caliente.

Coliflor con Perejil y Cebolla

Cavolfiore Trifolato

Rinde de 4 a 6 porciones

La cebolla, el ajo y el perejil le dan sabor a esta coliflor mientras se cuecen al vapor suavemente en la sartén.

1 coliflor mediana (alrededor de 1 1/2 libras)

2 cucharadas de aceite de oliva

1 cebolla mediana, finamente rebanada

2 dientes de ajo finamente picados

2 cucharadas de agua

1 1/4 taza de perejil fresco picado

Sal y pimienta negra recién molida

1. Corta la coliflor en floretes de 2 pulgadas. Recorta los extremos de los tallos. Quite la piel dura con un pelador de verduras de hoja giratoria. Corte los tallos gruesos transversalmente en rodajas de 1/4 de pulgada.

2. En una sartén grande, cocine la cebolla y el ajo en el aceite de oliva y cocine 5 minutos, revolviendo ocasionalmente.

3. Agrega la coliflor, el agua, el perejil y sal y pimienta al gusto. Mezcle bien. Tape la sartén y cocine 15 minutos más o hasta que la coliflor esté tierna. Servir caliente.

Anillos de mantequilla

Bussolai

Rinde 36

Estas galletas venecianas son fáciles de hacer y es un placer tenerlas en la casa para un refrigerio al mediodía o cuando los invitados pasen por allí.

1 taza de azucar

1 1/2 taza (1 barra) de mantequilla sin sal, a temperatura ambiente

3 yemas de huevo grandes

1 cucharadita de ralladura de limón

1 cucharadita de ralladura de naranja

1 cucharadita de extracto puro de vainilla

2 tazas de harina para todo uso

1 1/2 cucharadita de sal

1 clara de huevo, batida hasta que esté espumosa

1. Reserva 1/3 de taza de azúcar.

2. En el tazón grande de una batidora eléctrica, bata la mantequilla con el 2/3 de taza restante de azúcar a velocidad media hasta que esté suave y esponjosa, aproximadamente 2 minutos. Batir las yemas de huevo una a la vez. Agregue las ralladuras de limón y naranja y el extracto de vainilla y bata, raspando los lados del tazón, hasta que quede suave, unos 2 minutos más.

3. Agregue la harina y la sal hasta que estén bien mezclados. Forma la masa en una bola. Envuelva en una envoltura de plástico y refrigere 1 hora hasta toda la noche.

4. Precalienta el horno a 325 ° F. Engrasa 2 bandejas para hornear grandes. Corta la masa en 6 trozos. Divide cada pieza nuevamente en 6 piezas. Enrolle cada pieza en una cuerda de 4 pulgadas, forme un anillo y junte los extremos para sellar. Coloque los anillos a una pulgada de distancia en las bandejas para hornear preparadas. Unte ligeramente con la clara de huevo y espolvoree con el 1/3 de taza de azúcar reservado.

5. Hornee por 15 minutos o hasta que esté ligeramente dorado. Tenga listas 2 rejillas de enfriamiento de alambre.

6. Transfiera las bandejas para hornear a las rejillas. Deje que las galletas se enfríen durante 5 minutos en las bandejas para hornear, luego transfiéralas a las rejillas de alambre para que se enfríen por completo. Almacene en un recipiente hermético hasta 2 semanas.

Nudos de limón

Tarralucci

Hace 40

Todas las panaderías italianas de Brooklyn, Nueva York, preparaban estas refrescantes galletas de limón siciliano cuando yo era niño. Me gusta servirlos con té helado.

Si el clima es cálido y húmedo, la formación de hielo puede negarse a endurecerse a temperatura ambiente. En ese caso, guarde las galletas en el refrigerador.

4 tazas de harina para todo uso

4 cucharaditas de levadura en polvo

1 taza de azucar

1 1/2 taza de manteca vegetal sólida

3 huevos grandes

1 1/2 taza de leche

2 cucharadas de jugo de limón

2 cucharaditas de ralladura de limón

Formación de hielo

1 1/2 tazas de azúcar glass

1 cucharada de jugo de limón recién exprimido

2 cucharaditas de ralladura de limón

Leche

1. Tamice la harina y el polvo de hornear en un trozo de papel encerado.

2. En un tazón grande, con una batidora eléctrica a velocidad media, bata el azúcar y la manteca hasta que esté suave y esponjosa, aproximadamente 2 minutos. Batir los huevos uno a la vez hasta que estén bien mezclados. Agregue la leche, el jugo de limón y la ralladura. Raspa los lados del tazón. Agregue los ingredientes secos hasta que estén suaves, aproximadamente 2 minutos. Cubra con papel film y refrigere por lo menos 1 hora.

3. Precalienta el horno a 350 ° F. Ten preparadas 2 bandejas para hornear grandes. Pellizca un trozo de masa del tamaño de una pelota de golf. Enrolle ligeramente la masa en una cuerda de 6 pulgadas. Ata la cuerda en un nudo. Coloque el nudo en una bandeja para hornear sin engrasar. Continúe haciendo los nudos y colocándolos aproximadamente a 1 pulgada de distancia en las hojas.

4. Hornee las galletas durante 12 minutos o hasta que estén firmes cuando se presionen en la parte superior pero no se doren. Tenga listas 2 rejillas de enfriamiento de alambre.

5. Transfiera las bandejas para hornear a las rejillas. Deje que las galletas se enfríen durante 5 minutos en las bandejas para hornear, luego transfiéralas a las rejillas de alambre para que se enfríen por completo.

6. Combine el azúcar glas, el jugo de limón y la ralladura en un tazón grande. Agregue la leche 1 cucharadita a la vez y revuelva hasta que la mezcla forme una fina capa de hielo con la consistencia de una crema espesa.

7. Sumerja la parte superior de las galletas en el glaseado. Colócalos en una rejilla hasta que se endurezca la formación de hielo. Almacenar en recipientes herméticos hasta por 3 días.

Galletas de especias

Bicciolani

Rinde 75

En los cafés de Turín puedes pedir barbajada, una combinación de mitad café y mitad chocolate caliente. Sería perfecto con estas galletas de especias finas y mantecosas.

1 taza (2 barras) de mantequilla sin sal, a temperatura ambiente

1 taza de azucar

1 yema de huevo

2 tazas de harina para todo uso

1 1/2 cucharadita de sal

1 cucharadita de canela en polvo

1/8 de cucharadita de nuez moscada recién rallada

1/8 de cucharadita de clavo molido

1. Precalienta el horno a 350 ° F. Engrase un molde para panecillos de gelatina de 15 × 10 × 1 pulgada.

2. En un tazón, mezcle la harina, la sal y las especias.

3. En un tazón grande de batidora eléctrica, bata la mantequilla, el azúcar y la yema de huevo a velocidad media hasta que estén suaves y esponjosos, aproximadamente 2 minutos. Reduzca la velocidad a baja y agregue los ingredientes secos hasta que estén bien mezclados, aproximadamente 2 minutos más.

4. Desmenuza la masa en la sartén preparada. Con las manos, presione firmemente la masa para formar una capa uniforme. Con la parte de atrás de un tenedor, haga surcos poco profundos en la parte superior de la masa.

5. Hornee de 25 a 30 minutos o hasta que esté ligeramente dorado. Transfiera la sartén a una rejilla para enfriar. Deja enfriar 10 minutos. Luego corte la masa en galletas de 2 × 1 pulgada.

6. Deje enfriar completamente en la sartén. Almacene a temperatura ambiente en un recipiente hermético hasta por 2 semanas.

Galletas de oblea

Pizzelle

Hace alrededor de 2 docenas

Muchas familias en el centro y sur de Italia están orgullosas de sus planchas pizzelle, formas bellamente elaboradas que se utilizan tradicionalmente para hacer estas bonitas obleas. Algunas planchas están grabadas con las iniciales del propietario original, mientras que otras tienen siluetas, como una pareja brindando con una copa de vino. Alguna vez fueron un típico regalo de bodas.

Aunque encantadores, estos hierros pasados de moda son pesados y difíciles de manejar en las estufas de hoy. Una prensa de pizzelle eléctrica, similar a una plancha para gofres, hace un trabajo rápido y eficiente al sacar estas galletas.

Cuando están recién hechas, las pizzelle son flexibles y se pueden moldear en forma de cono, tubo o taza. Se pueden rellenar con crema batida, helado, crema cannoli o fruta. Se enfrían y crujientes en poco tiempo, por lo que debes trabajar rápida y cuidadosamente para darles forma. Por supuesto, también son buenos planos.

1 3/4 tazas de harina para todo uso sin blanquear

1 cucharadita de levadura en polvo

Pizca de sal

3 huevos grandes

2/3 taza de azúcar

1 cucharada de extracto puro de vainilla

1 barra (1/2 taza) de mantequilla sin sal, derretida y enfriada

1. Precaliente la máquina pizzelle de acuerdo con las instrucciones del fabricante. En un tazón, mezcle la harina, el polvo de hornear y la sal.

2. En un tazón grande, bata los huevos, el azúcar y la vainilla con una batidora eléctrica a velocidad media hasta que estén espesos y ligeros, aproximadamente 4 minutos. Batir la mantequilla. Agregue los ingredientes secos hasta que se mezclen, aproximadamente 1 minuto.

3. Coloque aproximadamente 1 cucharada de masa en el centro de cada molde de pizzelle. (La cantidad exacta dependerá del diseño del molde). Cierre la tapa y hornee hasta que esté ligeramente dorado. Esto dependerá del fabricante y del tiempo que se haya calentado el molde. Compruébelo cuidadosamente después de 30 segundos.

4. Cuando las pizzelle estén doradas, sácalas de los moldes con una espátula de madera o de plástico. Deje enfriar sobre una rejilla de alambre. O, para hacer tazas para galletas, doble cada pizzelle en la curva de una taza ancha de café o postre. Para hacer conchas de cannoli, déles forma alrededor de tubos de cannoli o una clavija de madera.

5. Cuando las pizzelle estén frescas y crujientes, guárdelas en un recipiente hermético hasta que estén listas para usar. Estos duran varias semanas.

Variación: Anís: sustituye la vainilla por 1 cucharada de extracto de anís y 1 cucharada de semillas de anís. Naranja o limón: agregue 1 cucharada de ralladura de naranja o limón fresco rallado a la mezcla de huevo. Ron o almendras: agregue 1 cucharada de ron o extracto de almendras en lugar de la vainilla. Nuez: Agregue 1/4 de taza de nueces molidas hasta obtener un polvo muy fino junto con la harina.

Ravioles dulces

Ravioles Dolci

Hace 2 docenas

Mermelada llena estos crujientes ravioles de postre. Cualquier sabor servirá, siempre que tenga una consistencia espesa para que permanezca en su lugar y no rezume de la masa mientras se hornea. Esta era una de las recetas favoritas de mi padre, quien la perfeccionó a partir de sus recuerdos de las galletas que solía hacer su madre.

1 3/4 taza de harina para todo uso

1 1/2 taza de fécula de papa o maíz

1 1/2 cucharadita de sal

1 1/2 taza (1 barra) de mantequilla sin sal, a temperatura ambiente

1 1/2 taza de azúcar

1 huevo grande

2 cucharadas de ron o brandy

1 cucharadita de ralladura de limón

1 cucharadita de extracto puro de vainilla

1 taza de mermelada espesa de cereza ácida, frambuesa o albaricoque

1. En un tazón grande, tamice la harina, el almidón y la sal.

2. En un bol grande con batidora eléctrica, bata la mantequilla con el azúcar hasta que esté suave y esponjosa, unos 2 minutos. Batir el huevo, el ron, la ralladura y la vainilla. A baja velocidad, agregue los ingredientes secos.

3. Divide la masa por la mitad. Forma un disco con cada mitad. Envuelva cada uno por separado en plástico y refrigere 1 hora hasta toda la noche.

4. Precalienta el horno a 350 ° F. Engrasa 2 bandejas para hornear grandes.

5. Estire la masa hasta que tenga un grosor de 1/8 de pulgada. Con un cortador de pasta o masa estriada, corte la masa en cuadrados de 2 pulgadas. Coloque los cuadrados a aproximadamente 1 pulgada de distancia en las bandejas para

hornear preparadas. Coloque 1/2 cucharadita de mermelada en el centro de cada cuadrado. (No use más mermelada o el relleno se derramará mientras se hornea).

6. Estire la masa restante hasta que tenga un grosor de 1/8 de pulgada. Corta la masa en cuadrados de 2 pulgadas.

7. Cubre la mermelada con los cuadrados de masa. Presione los bordes alrededor con un tenedor para sellar el relleno.

8. Hornee de 16 a 18 minutos, o hasta que esté ligeramente dorado. Tenga listas 2 rejillas de enfriamiento de alambre.

9. Transfiera las bandejas para hornear a las rejillas. Deje que las galletas se enfríen durante 5 minutos en las bandejas para hornear, luego transfiéralas a las rejillas de alambre para que se enfríen por completo. Espolvorea con azúcar glass. Almacenar en un recipiente hermético hasta 1 semana.

Galletas "feas pero buenas"

Brutti ma Buoni

Hace 2 docenas

"Feo pero bueno" es el significado del nombre de estas galletas piamontesas. El nombre es solo una verdad a medias: las cookies no son feas, pero son buenas. La técnica para hacerlos es inusual. La masa para galletas se cocina en una cacerola antes de hornearla.

3 claras de huevo grandes, a temperatura ambiente

Pizca de sal

1 1/2 tazas de azúcar

1 taza de cacao en polvo sin azúcar

1 1/4 tazas de avellanas, tostadas, peladas y picadas en trozos grandes (verCómo tostar y pelar nueces)

1. Precalienta el horno a 300 ° F. Engrasa 2 bandejas para hornear grandes.

2. En un bol grande, con batidora eléctrica a velocidad media, bata las claras y la sal hasta que quede espumoso. Aumente la velocidad a alta y agregue gradualmente el azúcar. Batir hasta que se formen picos suaves cuando se levanten los batidores.

3. A baja velocidad, agregue el cacao. Agrega las avellanas.

4. Vierta la mezcla en una cacerola grande y pesada. Cocine a fuego medio, revolviendo constantemente con una cuchara de madera, hasta que la mezcla esté brillante y suave, unos 5 minutos. Tenga cuidado de que no se queme.

5. Deje caer inmediatamente la masa caliente por cucharadas sobre las bandejas para hornear preparadas. Hornee por 30 minutos o hasta que esté firme y ligeramente agrietado en la superficie.

6. Mientras las galletas aún estén calientes, transfiéralas a una rejilla para que se enfríen, usando una espátula de metal de hoja delgada. Almacene en un recipiente hermético hasta 2 semanas.

Lugares de mermelada

Biscotti di Marmellata

Hace 40

El chocolate, las nueces y la mermelada son una combinación ganadora en estas sabrosas galletas. Siempre son un éxito en las bandejas de galletas navideñas.

3/4 de taza (1 1/2 barras) de mantequilla sin sal, a temperatura ambiente

1 1/2 taza de azúcar

1 1/2 cucharadita de sal

3 onzas de chocolate agridulce, derretido y enfriado

2 tazas de harina para todo uso

3 1/4 taza de almendras finamente picadas

1 1/2 taza de mermelada de frambuesa espesa sin semillas

1. Precalienta el horno a 350 ° F. Engrasa 2 bandejas para hornear grandes.

2. En un tazón grande, con una batidora eléctrica a velocidad media, bata la mantequilla, el azúcar y la sal hasta que estén suaves y esponjosos, aproximadamente 2 minutos. Agrega el chocolate derretido y bate hasta que esté bien mezclado, raspando los lados del bol. Agregue la harina hasta que quede suave.

3. Coloque las nueces en un recipiente poco profundo. Forme bolas de 1 pulgada con la masa. Enrolla las bolas en las nueces, presionando ligeramente para que se adhieran. Coloque las bolas a aproximadamente 1 1/2 pulgadas de distancia en las bandejas para hornear preparadas.

4. Con el extremo del mango de una cuchara de madera, haga un agujero profundo en cada bola de masa, moldeando la masa alrededor del mango para mantener la forma redonda. Coloque aproximadamente 1/4 de cucharadita de mermelada en cada galleta. (No agregue más mermelada, ya que puede derretirse y gotear cuando las galletas se hornean).

5. Hornee las galletas de 18 a 20 minutos, o hasta que la mermelada burbujee y las galletas estén ligeramente doradas. Tenga listas 2 rejillas de enfriamiento de alambre.

6. Transfiera las bandejas para hornear a las rejillas. Deje que las galletas se enfríen durante 5 minutos en las bandejas para hornear, luego transfiéralas a las rejillas de alambre para que se enfríen por completo. Almacene en un recipiente hermético hasta 2 semanas.

Biscotti de nueces y chocolate doble

Biscotti al Cioccolato

Hace 4 docenas

Estos ricos biscotti tienen chocolate en la masa, tanto derretido como en trozos. Nunca los he visto en Italia, pero son similares a los que he probado en los cafés de aquí.

2 1/2 tazas de harina para todo uso

2 cucharaditas de polvo de hornear

1 1/2 cucharadita de sal

3 huevos grandes, a temperatura ambiente

1 taza de azucar

1 cucharadita de extracto puro de vainilla

6 onzas de chocolate agridulce, derretido y enfriado

6 cucharadas (1/2 barra más 2 cucharadas) de mantequilla sin sal, derretida y enfriada

1 taza de nueces, picadas en trozos grandes

1 taza de chispas de chocolate

1. Coloque una rejilla en el centro del horno. Precalienta el horno a 300 ° F. Engrasa y enharina 2 bandejas para hornear grandes.

2. En un tazón grande, tamice la harina, el polvo de hornear y la sal.

3. En un tazón grande, con una batidora eléctrica a velocidad media, bata los huevos, el azúcar y la vainilla hasta que estén espumosos y ligeros, aproximadamente 2 minutos. Agregue el chocolate y la mantequilla hasta que se mezclen. Agregue la mezcla de harina y revuelva hasta que quede suave, aproximadamente 1 minuto más. Agregue las nueces y las chispas de chocolate.

4. Divide la masa por la mitad. Con las manos humedecidas, forme cada pieza en un tronco de 12 × 3 pulgadas en la bandeja para hornear preparada. Hornee por 35 minutos o hasta que los leños estén firmes al presionarlos en el centro. Retire la sartén del horno, pero no apague el fuego. Deje enfriar 10 minutos.

5. Desliza los troncos sobre una tabla de cortar. Corta los troncos en rodajas de 1/2 pulgada de grosor. Coloque las rodajas en la bandeja para hornear. Hornea por 10 minutos o hasta que las galletas estén ligeramente tostadas.

6. Tenga preparadas 2 rejillas de enfriamiento grandes. Transfiera las bandejas para hornear a las rejillas. Deje que las galletas se enfríen 5 minutos en las bandejas para hornear, luego transfiéralas a las rejillas para que se enfríen por completo. Almacene en un recipiente hermético hasta 2 semanas.

Besos de chocolate

Baci di Cioccolato

Hace 3 docenas

Los "besos" de chocolate y vainilla son los favoritos en Verona, hogar de Romeo y Julieta, donde se hacen en una variedad de combinaciones.

1 2/3 tazas de harina para todo uso

1/3 taza de cacao en polvo de proceso holandés sin azúcar, tamizado

1 1/4 cucharadita de sal

1 taza (2 barras) de mantequilla sin sal, a temperatura ambiente

1 1/2 taza de azúcar glass

1 cucharadita de extracto puro de vainilla

1/2 taza de almendras tostadas finamente picadas (verCómo tostar y pelar nueces)

Relleno

2 onzas de chocolate semidulce o agridulce, picado

2 cucharadas de mantequilla sin sal

1/3 taza de almendras tostadas y finamente picadas

1. En un tazón grande, tamice la harina, el cacao y la sal.

2. En un tazón grande, con una batidora eléctrica a velocidad media, bata la mantequilla y el azúcar hasta que estén suaves y esponjosos, aproximadamente 2 minutos. Incorpora la vainilla. Agregue los ingredientes secos y las almendras hasta que se mezclen, aproximadamente 1 minuto más. Cubra con plástico y enfríe en el refrigerador 1 hora hasta toda la noche.

3. Precalienta el horno a 350 ° F. Tenga preparadas 2 bandejas para hornear sin engrasar. Enrolle cucharaditas de la masa en bolas de 3/4 de pulgada. Coloque las bolas a una pulgada de distancia en las bandejas para hornear. Con los dedos, presione las bolas para aplanarlas un poco. Hornee las galletas hasta que estén firmes pero no doradas, de 10 a 12 minutos. Tenga preparadas 2 rejillas de enfriamiento grandes.

4. Transfiera las bandejas para hornear a las rejillas. Deje que las galletas se enfríen 5 minutos en las bandejas para hornear, luego transfiéralas a las rejillas para que se enfríen por completo.

5. Hierva aproximadamente 2 pulgadas de agua a fuego lento en la mitad inferior de una caldera doble o una cacerola pequeña. Coloca el chocolate y la mantequilla en la mitad superior del baño María o en un tazón pequeño resistente al calor que quepa cómodamente sobre la cacerola. Coloque el recipiente sobre el agua hirviendo. Deje reposar sin tapar hasta que el chocolate se ablande. Revuelva hasta que quede suave. Agrega las almendras.

6. Extienda una pequeña cantidad de la mezcla de relleno en el fondo de una galleta. Coloque una segunda galleta con la parte inferior hacia abajo sobre el relleno y presione ligeramente. Coloque las galletas en una rejilla de alambre hasta que el relleno esté listo. Repetir con el resto de las galletas y el relleno. Almacene en un recipiente hermético en el refrigerador hasta 1 semana.

"Salame" de chocolate sin hornear

Salame del Cioccolato

Rinde 32 galletas

Las rebanadas de nueces de chocolate crujientes que no requieren horneado son una especialidad de Piamonte. Otras galletas pueden ser sustituidas por amaretti, si lo prefiere, como obleas de vainilla o chocolate, galletas Graham o galletas de mantequilla. Es mejor prepararlos unos días antes para permitir que los sabores se mezclen. Si prefieres no usar el licor, sustitúyelo por una cucharada de jugo de naranja.

18 galletas amaretti

1/3 taza de azúcar

1 1/2 taza de cacao en polvo sin azúcar

1 1/2 taza (1 barra) de mantequilla sin sal, ablandada

1 cucharada de grappa o ron

1/3 taza de nueces picadas

1. Coloque las galletas en una bolsa de plástico. Tritura las galletas con un rodillo o un objeto pesado. Debe haber aproximadamente 3/4 de taza de migas.

2. Coloque las migas en un tazón grande. Con una cuchara de madera, agregue el azúcar y el cacao. Agrega la mantequilla y la grappa. Revuelva hasta que los ingredientes secos se humedezcan y se mezclen. Agrega las nueces.

3. Coloque una hoja de envoltura de plástico de 14 pulgadas sobre una superficie plana. Vierta la mezcla de masa sobre la envoltura de plástico. Forme la masa en un tronco de 8 × 21/2 pulgadas. Enrolle el tronco en la envoltura de plástico, doblando los extremos para encerrarlo por completo. Refrigere el tronco al menos 24 horas y hasta 3 días.

4. Corta el tronco en rodajas de 1/4 de pulgada de grosor. Servir frío. Guarde las galletas en un recipiente de plástico hermético en el refrigerador hasta por 2 semanas.

Galletas Prato

Biscotti di Prato

Rinde alrededor de 4 1/2 docenas

En la ciudad de Prato en Toscana, estos son los biscotti clásicos para sumergir en vin santo, el gran vino de postre de la región. Si se comen solas, están bastante secas, así que proporcione una bebida para mojarlas.

2 1/2 tazas de harina para todo uso

1 1/2 cucharaditas de levadura en polvo

1 cucharadita de sal

4 huevos grandes

3 1/4 taza de azúcar

1 cucharadita de ralladura de limón

1 cucharadita de ralladura de naranja

1 cucharadita de extracto puro de vainilla

1 taza de almendras tostadas (ver Cómo tostar y pelar nueces)

1. Coloque una rejilla en el centro del horno. Precalienta el horno a 325 ° F. Engrasa y enharina una bandeja para hornear grande.

2. En un tazón mediano, tamice la harina, el polvo de hornear y la sal.

3. En un tazón grande con una batidora eléctrica, bata los huevos y el azúcar a velocidad media hasta que estén livianos y espumosos, aproximadamente 3 minutos. Batir las ralladuras de limón y naranja y la vainilla. A baja velocidad, agregue los ingredientes secos, luego agregue las almendras.

4. Humedezca ligeramente sus manos. Forme la masa en dos leños de 14 × 2 pulgadas. Coloque los troncos en la bandeja para hornear preparada a varias pulgadas de distancia. Hornee por 30 minutos o hasta que esté firme y dorado.

5. Retire la bandeja para hornear del horno y reduzca el calor del horno a 300 ° F. Deje enfriar los troncos en la bandeja para hornear durante 20 minutos.

6. Desliza los troncos sobre una tabla de cortar. Con un cuchillo de chef grande y pesado, corte los troncos en diagonal en rodajas de 1/2 pulgada de grosor. Coloque las rodajas en la bandeja para hornear. Hornee por 20 minutos o hasta que esté ligeramente dorado.

7. Transfiera las galletas a rejillas de alambre para que se enfríen. Almacenar en un recipiente hermético.

Biscotti de frutas y frutos secos de Umbría

Tozzetti

Hace 80

Hechas sin grasa, estas galletas se conservan durante mucho tiempo en un recipiente hermético. El sabor realmente mejora, así que planifique prepararlos varios días antes de servirlos.

3 tazas de harina para todo uso

1 1/2 taza de maicena

2 cucharaditas de polvo de hornear

3 huevos grandes

3 yemas de huevo

2 cucharadas de Marsala, vin santo o jerez

1 taza de azucar

1 taza de pasas

1 taza de almendras

¼ taza de piel de naranja confitada picada

¼ de taza de cidra confitada picada

1 cucharadita de semillas de anís

1. Precalienta el horno a 350 ° F. Engrasa 2 bandejas para hornear grandes.

2. En un tazón mediano, tamice la harina, la maicena y el polvo de hornear.

3. En un tazón grande con una batidora eléctrica, bata los huevos, las yemas y el Marsala. Agrega el azúcar y bate hasta que esté bien mezclado, aproximadamente 3 minutos. Agregue los ingredientes secos, las pasas, las almendras, la cáscara, las semillas de cidra y anís hasta que se mezclen. La masa quedará rígida. Si es necesario, voltee la masa sobre una encimera y amásela hasta que se mezcle.

4. Divide la masa en cuartos. Humedezca sus manos con agua fría y forme cada cuarto en un tronco de 10 pulgadas. Coloque los troncos a 2 pulgadas de distancia en las bandejas para hornear preparadas.

5. Hornea los leños por 20 minutos o hasta que se sientan firmes al presionarlos en el centro y estén dorados en los bordes. Retire los leños del horno pero déjelo encendido. Deje enfriar los leños durante 5 minutos en las bandejas para hornear.

6. Desliza los troncos sobre una tabla de cortar. Con un cuchillo de chef grande, córtelos en rodajas de 1/2 pulgada de grosor. Coloque las rodajas en las bandejas para hornear y hornee por 10 minutos o hasta que estén ligeramente tostadas.

7. Tenga preparadas 2 rejillas de enfriamiento grandes. Transfiera las galletas a las rejillas. Deje enfriar completamente. Almacene en un recipiente hermético hasta 2 semanas.

Biscotti de nueces y limón

Biscotti al Limone

Hace 48

El limón y las almendras dan sabor a estos biscotti.

1 1/2 tazas de harina para todo uso

1 cucharadita de levadura en polvo

1 1/4 cucharadita de sal

1 1/2 taza (1 barra) de mantequilla sin sal, a temperatura ambiente

1 1/2 taza de azúcar

2 huevos grandes, a temperatura ambiente

2 cucharaditas de ralladura de limón recién rallada

1 taza de almendras tostadas, picadas en trozos grandes

1. Coloque una rejilla en el centro del horno. Precalienta el horno a 350 ° F. Engrasa y enharina una bandeja para hornear grande.

2. En un tazón, tamice la harina, el polvo de hornear y la sal.

3. En un tazón grande con una batidora eléctrica, bata la mantequilla y el azúcar hasta que estén suaves y esponjosos, aproximadamente 2 minutos. Golpe en los huevos uno a la vez. Agrega la ralladura de limón, raspando el interior del bol con una espátula de goma. Agregue gradualmente la mezcla de harina y las nueces hasta que se mezclen.

4. Divide la masa por la mitad. Con las manos humedecidas, forme cada pieza en un tronco de 12 × 2 pulgadas en la bandeja para hornear preparada. Hornee durante 20 minutos o hasta que los troncos estén ligeramente dorados y firmes cuando se presionan en el centro. Retire la sartén del horno, pero no apague el fuego. Deje que los troncos se enfríen durante 10 minutos en la bandeja para hornear.

5. Desliza los troncos sobre una tabla de cortar. Corta los troncos en rodajas de 1/2 pulgada de grosor. Coloque las rodajas en la bandeja para hornear. Hornea por 10 minutos o hasta que las galletas estén ligeramente tostadas.

6. Tenga preparadas 2 rejillas de enfriamiento grandes. Transfiera las galletas a las rejillas. Deje enfriar

completamente. Almacene en un recipiente hermético hasta 2 semanas.

Biscotti de nueces

Biscotti di Noce

Hace alrededor de 80

El aceite de oliva se puede utilizar para hornear en una amplia gama de recetas. Utilice un aceite de oliva extra virgen de sabor suave. Complementa muchos tipos de frutos secos y cítricos. Aquí hay una receta de biscotti que desarrollé para un artículo en el Washington Post sobre hornear con aceite de oliva.

2 tazas de harina para todo uso

1 cucharadita de levadura en polvo

1 cucharadita de sal

2 huevos grandes, a temperatura ambiente

2/3 taza de azúcar

1 1/2 taza de aceite de oliva extra virgen

1 1/2 cucharadita de ralladura de limón

2 tazas de nueces tostadas (ver Cómo tostar y pelar nueces)

1. Precalienta el horno a 325 ° F. Engrasa 2 bandejas para hornear grandes.

2. En un tazón grande, combine la harina, el polvo de hornear y la sal.

3. En otro tazón grande, bata los huevos, el azúcar, el aceite y la ralladura de limón hasta que estén bien mezclados. Con una cuchara de madera, agregue los ingredientes secos hasta que se mezclen. Agrega las nueces.

4. Divide la masa en cuatro trozos. Forme los trozos en troncos de 12 × 11/2 pulgadas, colocándolos a varias pulgadas de distancia en las bandejas para hornear preparadas. Hornee durante 20 a 25 minutos o hasta que esté ligeramente dorado. Retirar del horno, pero no apagarlo. Deje que las galletas se enfríen en las bandejas para hornear 10 minutos.

5. Desliza los troncos sobre una tabla de cortar. Con un cuchillo grande y pesado, corte los troncos en diagonal en rodajas de 1/2 pulgada. Coloque las rodajas en las bandejas para hornear y devuelva las bandejas al horno. Hornee por 10 minutos o hasta que esté tostado y dorado.

6. Tenga preparadas 2 rejillas de enfriamiento grandes. Transfiera las galletas a las rejillas. Deje enfriar completamente. Almacene en un recipiente hermético hasta 2 semanas.

Macarrones de Almendra

Amaretti

Hace 3 docenas

En el sur de Italia, estos se elaboran triturando almendras tanto dulces como amargas. Las almendras amargas, que provienen de una variedad particular de almendro, no se venden en los Estados Unidos. Tienen un componente de sabor similar al cianuro, un veneno letal, por lo que no están aprobados para uso comercial. Lo más cerca que podemos llegar al sabor correcto es la pasta de almendras comercial y un poco de extracto de almendras. No confundas la pasta de almendras con el mazapán, que es similar, pero tiene un mayor contenido de azúcar. Compre la pasta de almendras que se vende en latas para obtener el mejor sabor. Si no puede encontrarlo, pregunte en su panadería local para ver si le venden algo.

Estas galletas se pegan, así que las horneo en tapetes antiadherentes conocidos como Silpat. Las alfombrillas nunca necesitan engrase, son fáciles de limpiar y reutilizables. Puede encontrarlos en buenas tiendas de suministros de cocina. Si no tiene los tapetes, las bandejas para hornear se pueden revestir con papel pergamino o papel de aluminio.

1 lata (8 onzas) de pasta de almendras, desmenuzada

1 taza de azucar

2 claras de huevo grandes, a temperatura ambiente

1/4 de cucharadita de extracto de almendras

36 cerezas confitadas o almendras enteras

1. Precalienta el horno a 350 ° F. Forre 2 bandejas para hornear grandes con papel pergamino o papel de aluminio.

2. Desmenuza la pasta de almendras en un tazón grande. Con una batidora eléctrica a baja velocidad, agregue el azúcar hasta que se mezcle. Agrega las claras de huevo y el extracto de almendras. Aumente la velocidad a media y bata hasta que esté muy suave, aproximadamente 3 minutos.

3. Saque 1 cucharada de la masa y enróllela ligeramente hasta formar una bola. Humedezca las yemas de los dedos con agua fría si es necesario para evitar que se peguen. Coloque las bolas a una pulgada de distancia en la bandeja para hornear

preparada. Presione una cereza o almendra en la parte superior de la masa.

4. Hornee de 18 a 20 minutos o hasta que las galletas estén ligeramente doradas. Deje enfriar brevemente en la bandeja para hornear.

5. Con una espátula fina de metal, transfiera las galletas a rejillas de alambre para que se enfríen por completo. Guarde las galletas en recipientes herméticos. (Si desea conservar estas galletas durante más de uno o dos días, congélelas para mantener su textura suave. Se pueden comer directamente del congelador).

Macarrones de piñones

Biscotti di Pinoli

Hace 40

He realizado muchas variaciones de estas cookies a lo largo de los años. Esta versión es mi favorita porque está hecha con pasta de almendras y almendras molidas para darle sabor y textura y tiene el rico sabor agregado de los piñones tostados (pignoli).

1 lata (8 onzas) de pasta de almendras

1/3 taza de almendras blanqueadas finamente molidas

2 claras de huevo grandes

1 taza de azúcar glass, y más para decorar

2 tazas de piñones o almendras en rodajas

1. Coloque una rejilla en el centro del horno. Precalienta el horno a 350 ° F. Engrase una bandeja para hornear grande.

2. En un tazón grande, desmenuza la pasta de almendras. Con una batidora eléctrica a velocidad media, bata las almendras,

las claras de huevo y 1 taza de azúcar glass hasta que quede suave.

3. Saca una cucharada de la masa. Enrolla la masa en los piñones, cubriéndola por completo y formando una bola. Coloque la bola en la bandeja para hornear preparada. Repita con los ingredientes restantes, colocando las bolas aproximadamente a 1 pulgada de distancia.

4. Hornee de 18 a 20 minutos o hasta que esté ligeramente dorado. Coloque la bandeja para hornear en una rejilla para enfriar. Deje que las galletas se enfríen 2 minutos en la bandeja para hornear.

5. Transfiera las galletas a las rejillas para que se enfríen por completo. Espolvoree con azúcar glass. Almacene en un recipiente hermético en el refrigerador hasta 1 semana.

Barritas de avellana

Nocciolate

Hace 6 docenas

Estas barras tiernas y desmenuzables están llenas de nueces. Apenas se mantienen unidos y se derriten en la boca. Sírvelos con helado de chocolate.

2 1/3 tazas de harina para todo uso

11/2 tazas de avellanas tostadas, peladas, finamente picadas (verCómo tostar y pelar nueces)

11/2 tazas de azúcar

11/2 cucharadita de sal

1 taza (2 barras) de mantequilla sin sal, derretida y enfriada

1 huevo grande más 1 yema de huevo batida

1. Coloque una rejilla en el centro del horno. Precalienta el horno a 350 ° F. Engrase un molde para panecillos de gelatina de 15 × 10 × 1 pulgada.

2. En un tazón grande con una cuchara de madera, mezcle la harina, las nueces, el azúcar y la sal. Agregue la mantequilla y revuelva hasta que esté uniformemente humedecido. Agrega los huevos. Revuelva hasta que esté bien mezclado y la mezcla se mantenga unida.

3. Vierta la mezcla en la sartén preparada. Aplícalo con firmeza en una capa uniforme.

4. Hornee por 30 minutos o hasta que estén doradas. Mientras aún está caliente, córtelo en rectángulos de 2 × 1 pulgada.

5. Deje enfriar 10 minutos en la sartén. Transfiera las galletas a rejillas grandes para que se enfríen por completo.

Galletas De Mantequilla De Nuez

Biscotti di Noce

Hace 5 docenas

De nueces y mantecosas, estas galletas en forma de media luna de Piamonte son perfectas para la Navidad. Aunque a menudo se hacen con avellanas, me gusta usar nueces. También se pueden sustituir las almendras.

Estas galletas se pueden hacer íntegramente en el procesador de alimentos. Si no tiene uno, muele las nueces y el azúcar en una licuadora o molinillo de nueces, luego agregue los ingredientes restantes a mano.

1 taza de trozos de nuez

1/3 taza de azúcar más 1 taza más para enrollar las galletas

2 tazas de harina para todo uso

1 taza (2 barras) de mantequilla sin sal, a temperatura ambiente

1. Precaliente el horno a 350 ° F. Engrasa y enharina 2 bandejas para hornear grandes.

2. En un procesador de alimentos, combine las nueces y el azúcar. Procese hasta que las nueces estén finamente picadas. Agrega la harina y procesa hasta que se mezcle.

3. Agregue la mantequilla poco a poco y presione para mezclar. Saca la masa del recipiente y apriétala con las manos.

4. Vierta la 1 taza de azúcar restante en un tazón poco profundo. Pellizque un trozo de masa del tamaño de una nuez y forme una bola. Dale forma a la bola en forma de media luna, afinando los extremos. Enrolle suavemente la media luna en azúcar. Coloque la media luna en una bandeja para hornear preparada. Repita con la masa restante y el azúcar, colocando cada galleta aproximadamente a 1 pulgada de distancia.

5. Hornee por 15 minutos o hasta que esté ligeramente dorado. Coloque las bandejas para hornear en rejillas de alambre para que se enfríen durante 5 minutos.

6. Transfiera las galletas a las rejillas para que se enfríen por completo. Almacene en un recipiente hermético hasta 2 semanas.

Galletas Arcoiris

Biscotti Tricolori

Hace alrededor de 4 docenas

Aunque nunca las he visto en Italia, estas galletas "arcoíris" o tricolores con glaseado de chocolate son las favoritas en las panaderías italianas y otras en los Estados Unidos. Desafortunadamente, a menudo tienen colores chillones y pueden ser secos e insípidos.

Prueba esta receta y verás lo buenas que pueden quedar estas galletas. Son un poco quisquillosos de hacer, pero los resultados son muy bonitos y deliciosos. Si prefiere no usar colorante para alimentos, las galletas seguirán siendo atractivas. Por conveniencia, es mejor tener tres bandejas para hornear idénticas. Pero aún puede hacer las galletas con una sola bandeja si hornea un lote de masa a la vez. Las galletas terminadas se guardan bien en el refrigerador.

8 onzas de pasta de almendras

1 1/2 tazas (3 barras) de mantequilla sin sal

1 taza de azucar

4 huevos grandes, separados

1 1/4 cucharadita de sal

2 tazas de harina para todo uso sin blanquear

10 gotas de colorante rojo, o al gusto (opcional)

10 gotas de colorante verde, o al gusto (opcional)

1 1/2 taza de mermelada de albaricoque

1 1/2 taza de mermelada de frambuesa sin semillas

1 paquete (6 onzas) de chispas de chocolate semidulce

1. Precalienta el horno a 350 ° F. Engrase tres moldes para hornear idénticos de 13 × 9 × 2 pulgadas. Forre las bandejas con papel encerado y engrase el papel.

2. Desmenuce la pasta de almendras en un tazón grande para batir. Agrega la mantequilla, 1/2 taza de azúcar, las yemas de huevo y la sal. Batir hasta que esté suave y esponjoso. Agregue la harina hasta que se mezcle.

3. En otro bol grande, con batidores limpios, bata las claras a velocidad media hasta que estén espumosas. Incorpora poco a poco el azúcar restante. Aumente la velocidad a alta. Continuar batiendo hasta que las claras de huevo formen picos suaves cuando se levantan los batidores.

4. Con una espátula de goma, incorpora 1/3 de las claras a la mezcla de yemas para aligerarla. Incorpora gradualmente las claras restantes.

5. Coloque 1/3 de la masa en un tazón y otro 1/3 en otro tazón. Si usa el colorante para alimentos, doble el rojo en un tazón y el verde en el otro.

6. Extienda cada tazón de masa en una sartén preparada por separado, alisándola uniformemente con una espátula. Hornee las capas de 10 a 12 minutos, hasta que el pastel esté listo y con un color muy claro alrededor de los bordes. Deje enfriar en la sartén durante 5 minutos, luego levante las capas sobre rejillas para enfriar, dejando el papel encerado adherido. Deje enfriar completamente.

7. Usando el papel para levantar una capa, invierta el pastel y colóquelo con el papel hacia arriba en una bandeja grande.

Retire con cuidado el papel. Unta con una fina capa de mermelada de frambuesa.

8. Coloque una segunda capa con el papel hacia arriba encima de la primera. Retirar el papel y untar el bizcocho con la mermelada de albaricoque.

9. Coloque la capa restante con el papel hacia arriba encima. Despega el papel. Con un cuchillo grande y pesado y una regla como guía, recorte los bordes del pastel para que las capas sean rectas y uniformes alrededor.

10. Hierva aproximadamente 2 pulgadas de agua a fuego lento en la mitad inferior de una caldera doble o una cacerola pequeña. Coloque las chispas de chocolate en la mitad superior del baño maría o en un tazón pequeño resistente al calor que quepa cómodamente sobre la cacerola. Coloque el recipiente sobre el agua hirviendo. Deje reposar sin tapar hasta que el chocolate se ablande. Revuelva hasta que quede suave. Vierta el chocolate derretido sobre las capas de la torta y extiéndalo suavemente con una espátula. Refrigere hasta que el chocolate comience a cuajar, aproximadamente 30 minutos. (No dejes que se endurezca demasiado o se agrietará cuando lo cortes).

11. Saca el bizcocho del frigorífico. Con una regla u otra regla como guía, corte el pastel a lo largo en 6 tiras cortándolo primero en tercios y luego cortando cada tercio por la mitad. Cortar transversalmente en 5 tiras. Enfríe el bizcocho cortado en el molde en el refrigerador hasta que el chocolate esté firme. Sirva o transfiera las galletas a un recipiente hermético y guárdelas en el refrigerador. Estos se mantienen bien durante varias semanas.

Galletas De Higo De Navidad

Cuccidati

Rinde 18 galletas grandes

No puedo imaginar la Navidad sin estas galletas. Para muchos sicilianos, hacerlos es un proyecto familiar. Las mujeres mezclan y enrollan la masa, mientras que los hombres pican y muelen los ingredientes del relleno. Los niños decoran las galletas rellenas. Tradicionalmente se cortan en muchas formas fantásticas que se asemejan a pájaros, hojas o flores. Algunas familias hacen docenas de ellos para regalar a amigos y vecinos.

Masa

2 1/2 tazas de harina para todo uso

1/3 taza de azúcar

2 cucharaditas de polvo de hornear

1 1/2 cucharadita de sal

6 cucharadas de mantequilla sin sal

2 huevos grandes, a temperatura ambiente

1 cucharadita de extracto puro de vainilla

Relleno

2 tazas de higos secos húmedos, sin tallos

1 1/2 taza de pasas

1 taza de nueces tostadas y picadas

1 1/2 taza de chocolate semidulce picado (aproximadamente 2 onzas)

1/3 taza de miel

1 1/4 taza de jugo de naranja

1 cucharadita de ralladura de naranja

1 cucharadita de canela en polvo

1/8 de cucharadita de clavo molido

Montaje

1 yema de huevo batida con 1 cucharadita de agua

Chispitas de caramelo de colores

1. Prepare la masa: En un tazón grande, combine la harina, el azúcar, el polvo de hornear y la sal. Incorpora la mantequilla, usando una batidora eléctrica o una batidora de repostería, hasta que la mezcla se asemeje a migas gruesas.

2. En un bol, bata los huevos y la vainilla. Agregue los huevos a los ingredientes secos, revolviendo con una cuchara de madera hasta que la masa esté uniformemente humedecida. Si la masa está demasiado seca, mezcle con un poco de agua fría unas gotas a la vez.

3. Reúna la masa en una bola y colóquela en una hoja de plástico para envolver. Aplanarlo en un disco y envolverlo bien. Refrigere al menos 1 hora o toda la noche.

4. Prepara el relleno: En un procesador de alimentos o picadora de carne, muele los higos, las pasas y las nueces hasta que estén picadas en trozos grandes. Remueva con los ingredientes restantes. Cubra y refrigere si no lo usa dentro de una hora.

5. Para armar los pasteles, precaliente el horno a 375 ° F. Engrase dos bandejas para hornear grandes.

6. Corta la masa en 6 trozos. En una superficie ligeramente enharinada, enrolle cada pieza en un tronco de aproximadamente 4 pulgadas de largo.

7. Con un rodillo enharinado, enrolle un tronco en un rectángulo de 9 × 5 pulgadas. Recorta los bordes.

8. Coloque una tira de 3/4 de pulgada del relleno a lo largo ligeramente hacia un lado del centro de la masa enrollada. Doble un lado largo de la masa hacia el otro y presione los bordes para sellar. Corta la masa rellena transversalmente en 3 trozos iguales.

9. Con un cuchillo afilado, corte cortes de 3/4 de pulgada de largo a intervalos de 1/2 pulgada a través del relleno y la masa. Curvándolos ligeramente para abrir las ranuras y revelar el relleno de higos, coloque los pasteles a una pulgada de distancia en las bandejas para hornear.

10. Cepille la masa con el huevo batido. Rocíe con chispas de caramelo si lo desea. Repite con el resto de ingredientes.

11. Hornea las galletas de 20 a 25 minutos o hasta que estén doradas.

12. Enfríe las galletas en rejillas de alambre. Almacenar en un recipiente hermético en el refrigerador hasta por 1 mes.

Almendra quebradiza

Croccante o Torrone

Rinde de 10 a 12 porciones

Los sicilianos hacen estos dulces con piñones, pistachos o semillas de sésamo en lugar de las almendras. Un limón es perfecto para suavizar el almíbar caliente.

Aceite vegetal

2 tazas de azucar

1 1/4 taza de miel

2 tazas de almendras (10 onzas)

1 limón entero, lavado y secado

1. Cepille una superficie de mármol o una bandeja para hornear de metal con aceite vegetal de sabor neutro.

2. En una cacerola mediana, combine el azúcar y la miel. Cocine a fuego medio-bajo, revolviendo ocasionalmente, hasta que el azúcar comience a derretirse, aproximadamente 20 minutos.

Deje hervir a fuego lento y cocine sin revolver 5 minutos más o hasta que el almíbar esté claro.

3. Agregue las nueces y cocine hasta que el almíbar tenga un color ámbar, aproximadamente 3 minutos. Vierta con cuidado el almíbar caliente sobre la superficie preparada, usando el limón para alisar las nueces en una sola capa. Deje enfriar completamente. Cuando la quebradiza esté fría y dura, después de unos 30 minutos, deslice una espátula fina de metal por debajo. Levante la quebradiza y rómpala en trozos de 1 1/2 pulgada. Almacenar en recipientes herméticos a temperatura ambiente.

Rollos de nueces sicilianas

Mostaccioli

Rinde 64 galletas

Hubo un tiempo en que estas galletas se hacían con mosto cotto, jugo de uva concentrado. Los cocineros de hoy usan miel.

Masa

3 tazas de harina para todo uso

1 1/2 taza de azúcar

1 cucharadita de sal

1 1/2 taza de manteca vegetal

4 cucharadas (1/2 barra) de mantequilla sin sal, a temperatura ambiente

2 huevos grandes

2 a 3 cucharadas de leche fría

Relleno

1 taza de almendras tostadas

1 taza de nueces tostadas

1 1/2 taza de avellanas tostadas y sin piel

1 1/4 taza de azúcar

1 1/4 taza de miel

2 cucharaditas de ralladura de naranja

1 1/4 de cucharadita de canela en polvo

Azúcar de repostería

1. En un tazón grande, combine la harina, el azúcar y la sal. Corta la manteca y la mantequilla hasta que la mezcla se asemeje a migas gruesas.

2. En un tazón pequeño, bata los huevos con dos cucharadas de leche. Agregue la mezcla a los ingredientes secos, revolviendo hasta que la masa esté uniformemente humedecida. Si es necesario, mezcle un poco más de leche.

3. Reúna la masa en una bola y colóquela en una hoja de plástico para envolver. Aplanarlo en un disco y envolverlo bien. Refrigere 1 hora hasta toda la noche.

4. Procese las nueces y el azúcar en un procesador de alimentos. Procese hasta que esté fino. Agregue la miel, la ralladura y la canela, y procese hasta que se mezclen. Precalienta el horno a 350 ° F. Engrasa 2 bandejas para hornear grandes.

5. Dividir la masa en 4 trozos. Extienda una pieza entre dos hojas de envoltura de plástico para formar un cuadrado un poco más grande de 8 pulgadas. Recorta los bordes y corta la masa en cuadrados de 2 pulgadas. Coloque una cucharadita colmada del relleno a lo largo de un lado de cada cuadrado. Enrolle la masa para encerrar completamente el relleno. Coloque el lado de la costura hacia abajo en la bandeja para hornear. Repita con la masa restante y el relleno, colocando las galletas a una pulgada de distancia.

6. Hornea 18 minutos o hasta que las galletas estén ligeramente doradas. Transfiera las galletas a rejillas de alambre para que se enfríen. Almacene en un recipiente herméticamente cerrado hasta 2 semanas. Espolvorea con azúcar glass antes de servir.

Bizcocho

Pan di Spagna

Hace dos capas de 8 o 9 pulgadas

Este bizcocho italiano clásico y versátil funciona bien con rellenos como conservas de frutas, crema batida, crema pastelera, helado o crema de ricotta. El pastel también se congela bien, por lo que es conveniente tenerlo a mano para postres rápidos.

Mantequilla para la sartén

6 huevos grandes, a temperatura ambiente

2/3 taza de azúcar

11/2 cucharaditas de extracto puro de vainilla

1 taza de harina para todo uso tamizada

1. Coloque la rejilla en el centro del horno. Precalienta el horno a 375 ° F. Unte con mantequilla dos moldes para pastel de capas de 8 o 9 pulgadas. Forre el fondo de los moldes con círculos de papel encerado o papel pergamino. Unte con

mantequilla el papel. Espolvorea las cacerolas con harina y golpea ligeramente el exceso.

2. En un tazón grande con una batidora eléctrica, comience a batir los huevos a baja velocidad. Agregue lentamente el azúcar, aumentando gradualmente la velocidad de la batidora a alta. Agrega la vainilla. Batir los huevos hasta que estén espesos y de color amarillo pálido, aproximadamente 7 minutos.

3. Coloca la harina en un colador de malla fina. Agite aproximadamente un tercio de la harina sobre la mezcla de huevo. Incorporar la harina de forma gradual y muy suave con una espátula de goma. Repita, agregue la harina en 2 adiciones y dóblela hasta que no queden rayas.

4. Extienda la masa uniformemente en los moldes preparados. Hornee de 20 a 25 minutos o hasta que los pasteles salten hacia atrás cuando se presionan ligeramente en el centro y la parte superior esté ligeramente dorada. Tenga preparadas 2 rejillas de enfriamiento. Enfríe los pasteles 10 minutos en los moldes sobre las rejillas de alambre.

5. Invierta los pasteles sobre las rejillas y retire los moldes. Retire con cuidado el papel. Deje enfriar completamente. Sirva inmediatamente o cubra con un tazón invertido y almacene a temperatura ambiente hasta por 2 días.

Bizcocho de cítricos

Torta di Agrumi

Sirve de 10 a 12

El aceite de oliva le da a este pastel un sabor y una textura distintivos. Use un aceite de oliva suave o el sabor podría ser intrusivo. Debido a que no contiene mantequilla, leche u otros productos lácteos, este pastel es bueno para las personas que no pueden comer esos alimentos.

Este es un gran pastel, aunque es muy ligero y aireado. Para hornearlo, necesitará un molde de tubo de 10 pulgadas con un fondo removible, del tipo que se usa para los pasteles de ángel.

Un poco de crémor tártaro, disponible en la sección de especias de la mayoría de los supermercados, ayuda a estabilizar las claras de huevo en este gran pastel.

21/4 tazas de harina para pastel simple (no leudante)

1 cucharada de levadura en polvo

1 cucharadita de sal

6 huevos grandes, separados, a temperatura ambiente

1 1/4 tazas de azúcar

1 1/2 cucharaditas de ralladura de naranja

1 1/2 cucharaditas de ralladura de limón rallada

3 1/4 taza de jugo de naranja recién exprimido

1 1/2 taza de aceite de oliva extra virgen

1 cucharadita de extracto puro de vainilla

1/4 de cucharadita de crémor tártaro

1. Coloque la rejilla del horno en el tercio inferior del horno. Precalienta el horno a 325 ° F. En un tazón grande, tamice la harina, el polvo de hornear y la sal.

2. En un tazón grande con una batidora eléctrica, bata las yemas de huevo, 1 taza de azúcar, las ralladuras de naranja y limón, el jugo de naranja, el aceite y el extracto de vainilla hasta que quede suave, aproximadamente 5 minutos. Con una espátula de goma, incorpore el líquido a los ingredientes secos.

3. En otro tazón grande con batidores limpios, bata las claras a velocidad media hasta que estén espumosas. Agregue gradualmente el 1/4 de taza restante de azúcar y el crémor tártaro. Aumente la velocidad a alta. Batir hasta que se formen picos suaves cuando se levanten los batidores, aproximadamente 5 minutos. Incorpora las claras a la masa.

4. Raspe la masa en un molde de tubo de 10 pulgadas sin engrasar con un fondo removible. Hornea 55 minutos o hasta que el bizcocho esté dorado y un palillo insertado en el centro salga limpio.

5. Coloque el molde boca abajo sobre una rejilla para enfriar y deje que el pastel se enfríe por completo. Pasa un cuchillo de hoja delgada por el interior del molde para aflojar el pastel. Saca el bizcocho y el fondo del molde. Desliza el cuchillo debajo del pastel y quita el fondo del molde. Sirva inmediatamente o cúbralo con un tazón volteado y guárdelo a temperatura ambiente hasta por 2 días.

Pastel de limón y aceite de oliva

Torta di Limone

Rinde 8 porciones

Un pastel ligero de limón de Puglia que siempre es un placer tener a mano.

1 1/2 tazas de harina para pastel simple (no leudante)

1 1/2 cucharaditas de levadura en polvo

1 1/2 cucharadita de sal

3 huevos grandes, a temperatura ambiente

1 taza de azucar

1/3 taza de aceite de oliva

1 cucharadita de extracto puro de vainilla

1 cucharadita de ralladura de limón

1 1/4 taza de jugo de limón recién exprimido

1. Coloque la rejilla en el tercio más bajo del horno. Precaliente el horno a 350 ° F. Engrase un molde desmontable de 9 pulgadas.

2. En un tazón grande, tamice la harina, el polvo de hornear y la sal.

3. Rompe los huevos en un bol grande de batidora eléctrica. Batir a velocidad media hasta que esté espeso y de color amarillo pálido, aproximadamente 5 minutos. Agregue lentamente el azúcar y bata 3 minutos más. Agrega lentamente el aceite. Batir un minuto más. Agrega la vainilla y la ralladura de limón.

4. Con una espátula de goma, incorpore los ingredientes secos en tres adiciones, alternando con el jugo de limón en dos adiciones.

5. Raspe la masa en la sartén preparada. Hornee de 35 a 40 minutos o hasta que la torta esté dorada y salte hacia atrás cuando se presiona en el centro.

6. Voltee la sartén boca abajo sobre una rejilla de alambre. Deje enfriar completamente. Pasa un cuchillo por el borde exterior

y quítalo. Sirva inmediatamente o cúbralo con un tazón volteado y guárdelo a temperatura ambiente hasta por 2 días.

Pastel marmoleado

Torta Marmorata

Rinde de 8 a 10 porciones

En Italia no se presta mucha atención al desayuno. Rara vez se comen huevos y cereales, y la mayoría de los italianos se las arreglan con café con tostadas o quizás con una galleta o dos. Los desayunos de hotel a menudo compensan en exceso los gustos extranjeros con una espléndida variedad de embutidos, quesos, frutas, huevos, yogur, pan y pasteles. En un hotel de Venecia, vi un magnífico pastel de mármol, uno de mis pasteles favoritos, exhibido con orgullo en un puesto de pasteles. Fue divino con una taza de capuchino, y lo habría disfrutado igualmente a la hora del té. El camarero me dijo que el pastel se entregaba fresco todos los días en una panadería local donde era una especialidad. Esta es mi versión, inspirada en la de Venecia.

1 1/2 tazas de harina para pastel simple (no leudante)

1 1/2 cucharaditas de levadura en polvo

1 1/2 cucharadita de sal

3 huevos grandes, a temperatura ambiente

1 taza de azucar

1 1/2 taza de aceite vegetal

1 cucharadita de extracto puro de vainilla

1/4 de cucharadita de extracto de almendras

1 1/2 taza de leche

2 onzas de chocolate agridulce o semidulce, derretido y enfriado

1. Coloque la rejilla del horno en el tercio más bajo del horno. Precalienta el horno a 325 ° F. Engrase y enharine un molde de tubo de 10 pulgadas y saque el exceso de harina.

2. En un tazón grande, tamice la harina, el polvo de hornear y la sal.

3. En otro tazón grande, con una batidora eléctrica, bata los huevos a velocidad media hasta que estén espesos y de color amarillo pálido, aproximadamente 5 minutos. Incorpora lentamente el azúcar, una cucharada a la vez. Continúe batiendo 2 minutos más.

4. Incorpora poco a poco el aceite y los extractos. Incorpore la harina en 3 adiciones, agregando alternativamente la leche en dos adiciones.

5. Retire aproximadamente 1 1/2 tazas de la masa y colóquela en un tazón pequeño. Dejar de lado. Raspe la masa restante en la sartén preparada.

6. Doble el chocolate derretido en la masa reservada. Coloque cucharadas grandes de la masa de chocolate encima de la masa en la sartén. Para hacer girar la masa, sostenga un cuchillo de mesa con la punta hacia abajo. Inserte la hoja del cuchillo a través de la masa, pasando suavemente alrededor de la sartén al menos 2 veces.

7. Hornea 40 minutos o hasta que el bizcocho esté dorado y un palillo salga limpio al insertarlo en el centro. Deje enfriar sobre una rejilla 10 minutos.

8. Invierta el pastel sobre la rejilla y retire el molde. Voltea el pastel con el lado derecho hacia arriba en otra rejilla. Deje enfriar completamente. Sirva inmediatamente o cúbralo con un tazón invertido y guárdelo a temperatura ambiente hasta por 2 días.

pastel de ron

Baba au Rhum

Rinde de 8 a 10 porciones

Según una historia popular, este pastel fue inventado por un rey polaco que encontró su babka, un pastel de levadura polaco, demasiado seco y vertió un vaso de ron sobre él. Su creación recibió el nombre de baba, en honor a Ali Baba de las mil y una noches. No se sabe con certeza cómo se hizo popular en Nápoles, pero lo ha sido durante algún tiempo.

Debido a que está fermentado con levadura en lugar de polvo de hornear, el baba tiene una textura esponjosa, perfecta para absorber el jarabe de ron. Algunas versiones se hornean en moldes para muffins en miniatura, mientras que otras tienen un relleno de crema pastelera. Me gusta servir esto con fresas y crema batida a un lado; no es típico, pero es delicioso, y hace una presentación encantadora.

1 paquete (2 1/2 cucharaditas) de levadura seca activa o levadura instantánea

1 1/4 taza de leche tibia (100 ° a 110 ° F)

6 huevos grandes

2 2/3 tazas de harina para todo uso

3 cucharadas de azucar

1 1/2 cucharadita de sal

3/4 de taza (1 1/2 barras) de mantequilla sin sal, a temperatura ambiente

Jarabe

2 tazas de azucar

2 tazas de agua

2 (2 pulgadas) tiras de ralladura de limón

1 1/4 taza de ron

1. Engrase un molde de tubo de 10 pulgadas.

2. Espolvorea la levadura sobre la leche tibia. Deje reposar hasta que esté cremoso, aproximadamente 1 minuto, luego revuelva hasta que se disuelva.

3. En un tazón grande para mezclar, con una batidora eléctrica a velocidad media, bata los huevos hasta que estén espumosos, aproximadamente 1 minuto. Batir la harina, el azúcar y la sal. Agregue la levadura y la mantequilla y bata hasta que esté bien mezclado, aproximadamente 2 minutos.

4. Raspa la masa en la sartén preparada. Cubrir con film transparente y dejar reposar en un lugar cálido 1 hora o hasta que la masa haya doblado su volumen.

5. Coloque una rejilla en el centro del horno. Precalienta el horno a 400 ° F. Hornea el bizcocho 30 minutos o hasta que esté dorado y un palillo insertado en el centro salga limpio.

6. Invierta el pastel sobre una rejilla para enfriar. Retirar la sartén y dejar enfriar durante 10 minutos.

7. Para hacer el almíbar, combine el azúcar, el agua y la ralladura de limón en una cacerola mediana. Lleve la mezcla a ebullición y revuelva hasta que el azúcar se disuelva, aproximadamente 2 minutos. Retire la ralladura de limón. Agrega el ron. Reserva 1/4 de taza del almíbar.

8. Regrese el pastel a la sartén. Con un tenedor, haga agujeros en toda la superficie. Vierta lentamente el almíbar sobre el

pastel mientras ambos aún están calientes. Deje enfriar completamente en la sartén.

9. Justo antes de servir, invierta el pastel en un plato para servir Rocíe con el almíbar restante. Servir inmediatamente. Almacene cubierto con un recipiente volcado a temperatura ambiente hasta por 2 días.

Pastel de la abuela

Torta della Nonna

Rinde 8 porciones

No pude decidir si incluir esta receta, llamada torta della nonna, con las tartas o con las tortas; sin embargo, como los toscanos la llaman torta, la incluyo con las tortas. Consta de dos capas de masa rellenas de una crema pastelera espesa. No sé quién lo inventó la abuela, pero a todos les encanta su pastel. Hay muchas variaciones, algunas con sabor a limón.

1 taza de leche

3 yemas de huevo grandes

1/3 taza de azúcar

1 1/2 cucharaditas de extracto puro de vainilla

2 cucharadas de harina para todo uso

2 cucharadas de licor de naranja o ron

Masa

1 2/3 taza de harina para todo uso

1 1/2 taza de azúcar

1 cucharadita de levadura en polvo

1 1/2 cucharadita de sal

1 1/2 taza (1 barra) de mantequilla sin sal, a temperatura ambiente

1 huevo grande, ligeramente batido

1 cucharadita de extracto puro de vainilla

1 yema de huevo batida con 1 cucharadita de agua, para huevo batido

2 cucharadas de piñones

Azúcar de repostería

1. En una cacerola mediana, calienta la leche a fuego lento hasta que se formen burbujas en los bordes. Retirar del fuego.

2. En un tazón mediano, bata las yemas de huevo, el azúcar y la vainilla hasta que estén de color amarillo pálido, aproximadamente 5 minutos. Incorpora la harina. Agrega

poco a poco la leche caliente, batiendo constantemente. Transfiera la mezcla a la cacerola y cocine a fuego medio, revolviendo constantemente, hasta que hierva. Reduzca el fuego y cocine a fuego lento durante 1 minuto. Vierta la mezcla en un bol. Agrega el licor. Coloque un trozo de envoltura de plástico directamente sobre la superficie de las natillas para evitar que se forme una piel. Refrigere 1 hora hasta toda la noche.

3. Coloque la rejilla en el centro del horno. Precalienta el horno a 350 ° F. Engrase un molde para pastel redondo de 9 × 2 pulgadas.

4. Prepare la masa: En un tazón grande, mezcle la harina, el azúcar, el polvo de hornear y la sal. Con una batidora de repostería, agregue la mantequilla hasta que la mezcla se parezca a migas gruesas. Agrega el huevo y la vainilla y revuelve hasta que se forme una masa. Divide la masa por la mitad.

5. Esparza la mitad de la masa uniformemente en el fondo del molde preparado. Presione la masa en el fondo de la sartén y 1/2 pulgada hacia arriba por los lados. Extienda la crema

pastelera fría sobre el centro de la masa, dejando un borde de 1 pulgada alrededor del borde.

6. En una superficie ligeramente enharinada, extienda la masa restante en un círculo de 91/2 pulgadas. Coloca la masa sobre el relleno. Presione los bordes de la masa para sellar. Cepille el huevo batido sobre la parte superior del pastel. Espolvorear con los piñones. Con un cuchillo pequeño, haga varios cortes en la parte superior para permitir que salga el vapor.

7. Hornee de 35 a 40 minutos, o hasta que se doren por encima. Deje enfriar en la sartén sobre una rejilla durante 10 minutos.

8. Invierta el pastel sobre la rejilla, luego invierta sobre otra rejilla para que se enfríe por completo. Espolvorea con azúcar glass antes de servir. Sirva inmediatamente o envuelva el pastel en plástico y refrigere hasta por 8 horas. Envolver y guardar en el frigorífico.

Pastel de albaricoque y almendras

Torta di Albicocche e Mandorle

Rinde 8 porciones

Los albaricoques y las almendras son sabores muy compatibles. Si no puede encontrar albaricoques frescos, sustitúyalos por melocotones o nectarinas.

Adición

2/3 taza de azúcar

1 1/4 taza de agua

12 a 14 albaricoques o 6 a 8 duraznos, cortados por la mitad, sin hueso y cortados en rodajas de 1/4 de pulgada de grosor

Pastel

1 taza de harina para todo uso

1 cucharadita de levadura en polvo

1 1/2 cucharadita de sal

1 1/2 taza de pasta de almendras

2 cucharadas de mantequilla sin sal

2/3 taza de azúcar

1 1/2 cucharadita de extracto puro de vainilla

2 huevos grandes

2 1/3 taza de leche

1. Prepare la cobertura: Coloque el azúcar y el agua en una cacerola pequeña y pesada. Cocine a fuego medio, revolviendo ocasionalmente, hasta que el azúcar se disuelva por completo, aproximadamente 3 minutos. Cuando la mezcla comience a hervir, deje de revolver y cocine hasta que el almíbar comience a dorarse por los bordes. Luego, agite suavemente la sartén sobre el fuego hasta que el almíbar tenga un color marrón dorado uniforme, aproximadamente 2 minutos más.

2. Protegiendo su mano con una agarradera, vierta inmediatamente el caramelo en un molde para pastel redondo de 9 × 2 pulgadas. Incline la sartén para cubrir el fondo

uniformemente. Deje que el caramelo se enfríe hasta que cuaje, unos 5 minutos.

3. Coloque la rejilla del horno en el centro del horno. Precalienta el horno a 350 ° F. Coloque las frutas en rodajas, superponiéndolas ligeramente, en círculos sobre el caramelo.

4. Combine la harina, el polvo de hornear y la sal en un colador de malla fina sobre un trozo de papel encerado. Tamiza los ingredientes secos sobre el papel.

5. En un tazón grande de batidora eléctrica, bata la pasta de almendras, la mantequilla, el azúcar y la vainilla hasta que quede esponjoso, aproximadamente 4 minutos. Batir los huevos uno a la vez, raspando los lados del tazón. Continúe batiendo hasta que quede suave y bien mezclado, unos 4 minutos más.

6. Con la batidora a baja velocidad, agregue 1/3 de la mezcla de harina. Agrega 1/3 de la leche. Agrega el resto de la mezcla de harina y la leche en dos adiciones más de la misma manera, terminando con la harina. Revuelva hasta que quede suave.

7. Vierta la masa sobre la fruta. Hornea de 40 a 45 minutos o hasta que el bizcocho esté dorado y un palillo insertado en el centro salga limpio.

8. Deje enfriar el bizcocho en el molde sobre una rejilla de alambre durante 10 minutos. Pasa una espátula fina de metal por el interior de la sartén. Invierta el bizcocho en un plato para servir (la fruta estará encima) y déjelo enfriar por completo antes de servir. Sirva inmediatamente o cúbralo con un tazón invertido y guárdelo a temperatura ambiente hasta por 24 horas.

Tarta de frutas de verano

Torta dell'Estate

Rinde 8 porciones

Las frutas de hueso blandas como ciruelas, albaricoques, melocotones y nectarinas son ideales para este pastel. Intente hacerlo con una combinación de frutas.

12 a 16 ciruelas pasas o albaricoques, o 6 duraznos o nectarinas medianos, cortados por la mitad, sin hueso y cortados en rodajas de 1/2 pulgada

1 taza de harina para todo uso

1 cucharadita de levadura en polvo

1 1/2 cucharadita de sal

1 1/2 taza (1 barra) de mantequilla sin sal, a temperatura ambiente

2/3 taza más 2 cucharadas de azúcar

1 huevo grande

1 cucharadita de ralladura de limón

1 cucharadita de extracto puro de vainilla

Azúcar de repostería

1. Coloque la rejilla en el centro del horno. Precalienta el horno a 350 ° F. Engrase un molde desmontable de 9 pulgadas.

2. En un tazón grande, mezcle la harina, el polvo de hornear y la sal.

3. En otro tazón grande, bata la mantequilla con 2/3 de taza de azúcar hasta que esté suave y esponjosa, aproximadamente 3 minutos. Batir el huevo, la ralladura de limón y la vainilla hasta que quede suave. Agregue los ingredientes secos y revuelva hasta que se mezclen, aproximadamente 1 minuto más.

4. Raspe la masa en la sartén preparada. Disponga la fruta, superponiéndola ligeramente, en la parte superior en círculos concéntricos. Espolvorea con las 2 cucharadas de azúcar restantes.

5. Hornea de 45 a 50 minutos o hasta que el bizcocho esté dorado y un palillo insertado en el centro salga limpio.

6. Deje enfriar el pastel en el molde sobre una rejilla de alambre durante 10 minutos, luego retire el borde del molde. Deja que el bizcocho se enfríe por completo. Espolvorea con azúcar glass antes de servir. Sirva inmediatamente o cúbralo con un tazón volteado y guárdelo a temperatura ambiente hasta por 24 horas.

Pastel de frutas de otoño

Torta del Autunno

Rinde 8 porciones

Manzanas, peras, higos o ciruelas son buenos en este sencillo pastel. La masa forma una capa superior que no cubre completamente la fruta, lo que le permite asomarse a través de la superficie del pastel. Me gusta servirlo ligeramente tibio.

1 1/2 tazas de harina para todo uso

1 cucharadita de levadura en polvo

1 1/2 cucharadita de sal

2 huevos grandes

1 taza de azucar

1 cucharadita de extracto puro de vainilla

4 cucharadas de mantequilla sin sal, derretida y enfriada

2 manzanas o peras medianas, peladas, sin corazón y cortadas en rodajas finas

Azúcar de repostería

1. Coloque la rejilla en el centro del horno. Precalienta el horno a 350 ° F. Engrasa y enharina un molde para pastel desmontable de 9 pulgadas. Saque el exceso de harina.

2. En un tazón, mezcle la harina, el polvo de hornear y la sal.

3. En un tazón grande, bata los huevos con el azúcar y la vainilla hasta que se mezclen, aproximadamente 2 minutos. Batir la mantequilla. Agregue la mezcla de harina hasta que se mezcle, aproximadamente 1 minuto más.

4. Extienda la mitad de la masa en la sartén preparada. Cubrir con las frutas. Deje caer la masa restante encima a cucharadas. Extienda la masa uniformemente sobre las frutas. La capa será fina. No se preocupe si la fruta no está completamente cubierta.

5. Hornea de 30 a 35 minutos o hasta que el bizcocho esté dorado y un palillo insertado en el centro salga limpio.

6. Deje enfriar el bizcocho durante 10 minutos en el molde sobre una rejilla. Retire el borde de la sartén. Deje enfriar el bizcocho por completo sobre la rejilla. Sirva tibio oa temperatura ambiente con una pizca de azúcar glass. Almacene cubierto con un tazón grande invertido a temperatura ambiente hasta por 24 horas.

Pastel de Polenta y Pera

Dolce di Polenta

Rinde 8 porciones

La harina de maíz amarilla agrega una textura agradable y un color dorado cálido a este pastel rústico del Véneto.

1 taza de harina para todo uso

1/3 taza de harina de maíz amarilla finamente molida

1 cucharadita de levadura en polvo

1 1/2 cucharadita de sal

3/4 de taza (1 1/2 barras) de mantequilla sin sal, ablandada

3/4 de taza más 2 cucharadas de azúcar

1 cucharadita de extracto puro de vainilla

1 1/2 cucharadita de ralladura de limón

2 huevos grandes

1 1/3 taza de leche

1 pera grande madura, sin corazón y en rodajas finas

1. Coloque una rejilla en el centro del horno. Precalienta el horno a 350 ° F. Engrasa y enharina un molde desmontable de 9 pulgadas. Saque el exceso de harina.

2. En un tazón grande, tamice la harina, la harina de maíz, el polvo de hornear y la sal.

3. En un tazón grande con una batidora eléctrica, bata la mantequilla, agregando gradualmente 3/4 de taza de azúcar hasta que esté suave y esponjosa, aproximadamente 3 minutos. Batir la vainilla y la ralladura de limón. Batir los huevos uno a la vez, raspando los lados del tazón. A velocidad baja, agregue la mitad de los ingredientes secos. Agrega la leche. Agregue los ingredientes secos restantes hasta que quede suave, aproximadamente 1 minuto.

4. Extienda la masa en la sartén preparada. Coloca las rodajas de pera encima, superponiéndolas ligeramente. Espolvorea la pera con las 2 cucharadas de azúcar restantes.

5. Hornea 45 minutos o hasta que el bizcocho esté dorado y un palillo insertado en el centro salga limpio.

6. Enfríe el bizcocho en el molde durante 10 minutos sobre una rejilla. Retire el borde del molde y enfríe el pastel completamente sobre la rejilla. Sirva inmediatamente o cúbralo con un tazón grande invertido y guárdelo a temperatura ambiente hasta por 24 horas.

www.ingramcontent.com/pod-product-compliance
Lightning Source LLC
Chambersburg PA
CBHW071611080526
44588CB00010B/1099